U0612364

编 委 会

主　　编：龙清明

副 主 编：徐天福　王成勇　彭春晖

执行主编：陈剑泉　汪玉涛

顾　　问：胡　航　杜　爽

编　　委：（以姓氏拼音为序）

深度学习
智慧教育生态联盟
培育与实践

——以149跨区域教育联盟为例

龙清明 ◎ 主编

四川大学出版社
SICHUAN UNIVERSITY PRESS

图书在版编目（CIP）数据

深度学习：智慧教育生态联盟培育与实践：以149
跨区域教育联盟为例 / 龙清明主编 . — 成都：四川大
学出版社，2022.4
ISBN 978-7-5690-5418-7

Ⅰ. ①深… Ⅱ. ①龙… Ⅲ. ①中学教育－教育研究－
四川 Ⅳ. ① G632.0

中国版本图书馆 CIP 数据核字（2022）第 060427 号

书　　名：深度学习：智慧教育生态联盟培育与实践——以 149 跨区域教育联盟为例
　　　　　Shendu Xuexi: Zhihui Jiaoyu Shengtai Lianmeng Peiyu yu Shijian—yi 149 Kua Quyu Jiaoyu Lianmeng Wei Li
主　　编：龙清明

选题策划：王　玮
责任编辑：王　玮
责任校对：张伊伊
装帧设计：阿　林
责任印制：王　炜

出版发行：四川大学出版社有限责任公司
　　　　　地址：成都市一环路南一段 24 号（610065）
　　　　　电话：（028）85408311（发行部）、85400276（总编室）
　　　　　电子邮箱：scupress@vip.163.com
　　　　　网址：https://press.scu.edu.cn
印前制作：成都跨克创意文化传播有限公司
印刷装订：成都金龙印务有限责任公司

成品尺寸：170 mm×240 mm
印　　张：14.75
字　　数：254 千字

版　　次：2022 年 6 月 第 1 版
印　　次：2022 年 6 月 第 1 次印刷
定　　价：86.00 元

本社图书如有印装质量问题，请联系发行部调换

四川大学出版社
微信公众号

序　言

智慧教育生态联盟：
推进新时代优质高中跨区域融合发展的"智慧教育样本"

教育公平正义在成都大地唱响，智慧教育生态联盟如春风化雨，浸润在最贴近149教育联盟师生教育生活的方方面面，用最直观的感受传递着成都市城乡教育、智慧教育高位均衡发展、高品质发展的脉动。

一

一个区域的教育发展，只有从世界、中国和时代的坐标上去认识，才能更加准确；一个区域的教育变革，只有从历史和现实的对比中去把握，才能更加清晰；一个区域的教育公平正义，只有从城乡教育均衡发展、优质教育资源共享的实现程度去洞察，才能更见真章；一个区域的教育质量提升、学校内涵发展，只有从"硬件"和"软件"齐头并进、"城"和"乡"协调均衡的发展状况中去思考，才能更加让人信服；一个区域智慧教育的改革创新，只有从"民生"出发，以问题为导向，以制度创新为核心，坚守教育公平正义，才能更具有可推广性、可复制性。

如果用一个词语来概括近几年的成都教育，没有比"教育改革"更合适的了。教育改革，化身为成都市教育行政部门醒目的教育标签、教育名片，凝聚成最大的时代共识，汇集成最大的公约数，寄托着成都市民的"成都教育"梦想。自2007年6月7日"成都市全国统筹城乡综合配套改革试验区"获国务院批准以来，"教育改革"这个耳熟能详的词语，被提升到更高的层面——国家的"试验田"而非地方的"自留地"，赋予更多的内涵——"教育改革高地"而非"教育政策洼地"，注入更大的动能——教育改革"苗圃"而非"盆景"、教育改革"助推器"而非"阻力源"。近几年，成都市教育行政部门立足市情，从"全域成都"经济社会长远利益出发谋划教育制度建设、教育政策设计，为教育改革制定了目标明确、计划周详、程序科学、方法得当的顶层设计方案，不断增强教育改革的系统性、整体性、协同性和科学性，统筹推进城乡教育高位均衡发展。近几年，成都市教育行政部门以全面深化教育改革为重要牵引，凝心聚力，统筹谋划，把抓部署、抓统筹、抓方案、抓细化、抓落实、抓监测、抓宣传等关键环节衔接贯通，一个个问题跟进解决，一个个节点扎实推进，一个个方案有序推出，一个个举措强力实施，教育体制机制改革领先推进，教育治理体制改革标本兼治，教育高位均衡发展统筹推进，学校制度改革稳妥有序、谨慎探路。过去几年，成都市教育行政部门树立法治思维，用法治精神全面深化教育改革，依靠法治凝聚教育改革共识、分担教育改革风险、推动教育改革深化、巩固教育改革成果。既把握好教育改革的力度、时机和节奏，又注重探索实践，勇于开拓创新。过去几年，成都市教育行政部门全面深化教育改革可谓大潮迭起，教育政策创新、教育制度创新屡出妙招。在"办好人民满意的教育""一切为了人的发展"总原则下实践教育公平正义、城乡教育高位均衡发展，充分走好教育综合改革"先手棋"，充分下好"政府主导""学校主体"两手棋，充分驾驭好"促进公平""提高质量"与"制度建设"三驾马车。过去几年，成都市教育行政部门把实践国家基本教育政策——"教育公平"作为价值立场、价值取向，推动成都市教育行政部门突破思想藩篱，砥砺改革创新勇气，激发了实践教育公平正义的"成都市全国统筹城乡综合配套改革试验区"的生机与活力，调动了成都市各区（市）县践履教育公平正义的主动性和积极性，创造了具有"成都味儿"的智慧教育生态联盟。

作为教育改革关键环节与抓手的智慧教育生态联盟，使一些多年未有进展的成都市智慧教育改革强势推进，一些盘根错节的利益纠葛被逐步化解，成都市教育改革的幅度和力度都超出预期，越来越多的成都市民真切感受到了教育改革方案的穿透力，"抓铁有痕、踏石留印"，"行动最有说服力"，"为了人民的教育改革"。一句话，推进智慧教育生态联盟的每一个举措都闪耀着教育公平正义的光芒。当然，过去几年，可以说是成都教育光荣与梦想交相辉映的几年，但潜伏在"成都市全国统筹城乡综合配套改革试验区"的各种问题仍然不容忽视。随着深化教育改革的不断推进，逐渐触及的利益纠葛、历史沉疴都决定了新一轮的成都教育改革将是一场硬仗，不下斩钉截铁、壮士断腕的决心，断难继续推进。

二

　　智慧教育时代是让技术变成"人"或让技术变成"教育"的时代。技术已经达到这样一种程度，其依赖于人而存在，并由人创造，但这种技术，不再仅局限于提供资源和服务，不再是单纯的辅助教学，而是具有思想、行动能力和主动性的"教育者"。教师不仅利用技术和信息进行教育工作，而且同时在创造一个新的教育者。与以往的时代不同，技术解放了人，却没有压迫人。在智慧教育时代，技术成为人的精神伙伴和交流对象，人类自古梦寐以求的自由教育和学习，在这样的背景中悄悄展现了出来。

　　在以技术理性为鹄的制度化教育中，社会性格受制于大商业的组织结构、大规模的生产技术，受制于建立在此种生活方式之上的管理方式与思维方式；制度化的教育控制着自由人的一切，人被塑造成弗洛姆所说的"社会需要的，是在大团体中能顺利合作的人，想消费越来越多的人，以及趣味标准化、易于受到影响、其要求可以预测的人；社会需要的，是那些自己感到自由和独立，不屈从于任何权威、任何原则或良心——然而却自愿接受支配、做别人希望的事、毫无摩擦地顺应社会机器的人"。制度化的教育常常是以附加的思想、情感、愿望来取代独创的心理行为，使孩子适应社会规范。学校没有完成的任务，社会通过各种压力使之继续完成，它规定人们必须具有怎样的讨人喜欢的个性，否则他们就难以在社会中生活下去。正如弗洛姆曾经描述的，"友谊、愉快以及一个微笑可以显露出的任何表情，统统成了自动反应，就像电灯开关一样，只要一摁，灯就亮了"。人们的创造性受到压抑，在这种状态下，人们失去了独创性思维，感觉和情感也受到歪曲，人们不能真实地生活，不得不装腔作势。弗洛姆认为："自我的丧失造成人对自己身份的深切怀疑，因此增加了符合别人、适应别人的趋势。"通过迎合他人以确认自己的身份，这样的自我并不是真正的自我，只是一个虚假的自我，是按照别人的意愿而存在的自我。对于这样的自我，弗洛姆在《对自由的恐惧》一书中指出："作为生物学意义上的人，这架机器还活着，作为心理学意义上的人，这架机器没有情感，没有智慧，他虽生犹死。"然而，进入信息技术时代，伴随人工智能的加入，技术的本质开始改变，不再是异化的力量，技术从知识统治的工具变成智慧教育的主体。因此，我们对技术的要求，不再是帮助教育传递知识，而是让教育重新获得智慧的性格和品质，恢复古典教育对博雅和自由的向往，回归教育的本义。教育不再给学生灌注"记忆性知识"，教育的主要内容是"创造""创新"，而数据性或重复性的学习工作可以"丢给"机器。"智慧"的教育一旦成为现实，我们将彻底摆脱科学的介入给近代教育带来的"阴影"，凸显人的尊严。教育或许不再是"教"的代名词，而是为你我他的兴趣、爱好和想法提供机会的舞台，是为你我他挥洒青春热血、创造提供机会的平台。因此，现代技术不再是记忆的工具和象征，而是生成、促进、激发智慧的手段、途径，甚至是主体。

技术智慧是技术的产物。技术智慧消解了"以往"技术带给人的"异化"，破解了"以往"技术带给人的"殖民"。换句话说，技术解放了人，却没有压迫人。人类智慧或许是第一次打破了智慧自身的"魔咒"，即就技术提供的自由这一点而言，人类智慧或许第一次做到了不再为自己的创造提供"掘墓人"。技术让教育从单纯依靠课堂、教室、教材和教师的方式中解放出来，却没有限制、压迫教师和学生的好奇心和想象力，相反，却让他们在技术的智慧与创造中自由学习和自由发展。"互联网＋"对于智慧教育而言，不仅是技术改变世界的典范，更在于智慧教育真正让其自身获得了智慧的本质。因为它打破了传统教育的知识系统，使教育不再依赖于传统的课堂和教师，以及系统化的教育和学习，而是让其自身成为可以借助技术实现自由教育与学习的主体。在"互联网＋"的条件下，碎片知识和所谓的"零存整取"，让学习过程实现了"自由嵌入"，这使得无论是教师还是学生，与他们直接对话的可能不是人而是机器，同时，他们又可以随时随地与需要的人对话。这一改变，已经不是学习方式的转变，而是教育形态与价值系统的革命。它的意义也不仅在于改变过去非主流知识的性质，使其获得可以与主流知识相对抗的能力，而且更在于使教育真正进入一个全新的自由学习的时代，让教育从以知识为对象的体系中摆脱出来，进入更加充满活力的以智慧为对象的教育体系之中。

"返回"智慧之中是技术发展的真正目的和价值，技术摆脱异化的最终成果正是重新回归教育的智慧。今天的所谓现代教育制度，实际是"工业化之后的产物"，关注的是实用和效率两大基本价值，但数字技术下的学习方式突破了时间、空间与内容的限制。在这样的教育中，不仅课程的形式和要求发生了变化，学习的性质和目的更是彻底改变了。技术在早期的发展过程中，主要扮演的是工具性角色，作为提高学习效率的手段，而人工智能介入后，智慧教育进入一个转折点，技术已经不再是效率的工具，而是让教育获得智慧的属性与可能。

三

推进教育信息化建设，必须坚持"以智能技术为手段、以融合创新为目标、以智慧教育为先导"的理念。学校不仅是推进教育信息化的主阵地，而且是实施智慧教育的主战场。就智慧教育实践而论，尽管智能技术与教育的"融合"早就成为高频词，但一些学校仍在以"相加"替代"相融"。有的区（市）县教育行政部门嘴上常喊"智慧教育生态联盟如何重要"，脚下却原地踏步，智能技术与教育融合成为"说起来重要、干起来次要"的形象工程；有的学校挂上了智慧学校的牌子，似乎"开张"了，便以为搭上了智能技术与教育融合的快车。其实，智能技术与教育的融合绝非"左手一只鸡，右手一只鸭"的物理组合，而是在深度相融中产生化学反应，不断创造新的可能。全面拥抱智慧教育生态联盟，从管理团队融合向教育资源型融合、"三师"融合、学生融合、课堂融合进军，真正变"你中有我，我中有你"为"你就是我，我就是你"，智能技术与教育融合的航船才能驶入开阔的水域。

做好智能技术与教育融合这项系统工程，也须真正理解智慧教育生态联盟，把握智慧教育生态联盟的本质，由此找准融合的时代方位。智能技术与教育融合的关键在于加深对教育公平发展趋势的认知，下决心破除影响融合发展的体制机制阻碍，让"融"变成学校的自觉。推动智能技术与教育融合发展，借助区域、名校资源优势，从"相加"到"相融"。智能技术与教育融合既是一场重大的教育变革，也是一次深刻的理念革命。智能技术与教育融合不是一时一地的权宜之计，而是事关区域教育发展、学校办学品质的根本之策。"变者，法之至也。"回溯教育发展史，教育形态的变迁深刻塑造了教育生态和发展形态。因此，只有从思想理念上彻底完成自我更新，以时不我待的姿态奋力拥抱智慧教育生态联盟，坚定不移地推进智能技术与教育深度融合发展，才能赢得进化的新蓝海。

《深度学习：智慧教育生态联盟培育与实践——以149跨区域教育联盟为例》一书，从党中央关心、群众关切、社会关注的问题入手，以立德树人为主线，着眼于全面贯彻党的教育方针，牢记为党育人、为国育才使命，将育人作为推进高中跨区域融合发展的"定盘星"，将智慧教育生态联盟作为深化区域教育改革、学校教育改革的"先手棋"，将智慧教育生态联盟作为提高区域教育高质量发展、学校高品质发展的"当头炮"，列出时间表、挂出路线图、明确任务书，使智能技术与教育深度融合落地生根、开花结果，构建了系统完备、科学规范、运行有效的智慧教育生态系统，为推进智能技术与教育深度融合提供了鲜活的"智慧教育生态联盟样本"。

《深度学习：智慧教育生态联盟培育与实践——以149跨区域教育联盟为例》书写的智慧教育生态联盟培育与实践栩栩如生、引人入胜的"故事""案例"，是给师生带来精神滋养、提醒师生不断进行精神反刍的范本。

李江源

四川师范大学

2021年12月8日

内容提要

　　本书是四川省双流中学领航的149教育联盟承担的四川省教育资助金课题"新时代优质高中跨区域融合发展实践研究——以149教育联盟为例"的研究成果。本成果将智慧教育生态联盟作为深化区域教育改革的"先手棋",作为助推新时代高中跨区域融合发展的"定盘星",作为促进区域教育高质量发展的"当头炮",列出时间表,绘出路线图,让智慧教育在区域教育改革发展过程中落地生根、开花结果。本书共9章,大体可归为四个部分。

　　第一部分(第一章),对149跨区域教育联盟的生态推进过程进行了回顾。149教育联盟是在总结、梳理智慧教育学校实践经验的基础上进行的智慧教育生态联盟探索,在新发展理念下准确定位联盟发展目标,挖掘联盟发展意义,构建智慧教育生态体系,建构智慧教育生态培育理论,积累智慧教育生态培育的实践经验。

　　第二部分(第二章),集中介绍了智慧教育生态培育的核心理论——深度学习支持下的智慧教育联盟构建。这一理论是本书的基础理论,对本书起到了奠基和指导作用,是认识和理解本书的关键。这一理论包括深度学习的内涵、发生机制、过程、组织形式、支持要件,深度学习下的智慧教育的参与者、组织形式、教育策略、学习策略等。

　　第三部分(第三章至第六章),从管理、教师、学生、资源四个角度介绍智慧教育生态培育体系的建构过程和经验。在管理上,需要在党的教育方针指导下,面向教育强国建设的需求,开展党建联动活动,把智能技术与教育管理深度融合起来,精准施策,提高管理绩效。在教师发展方面,则提出教师的专业发展要适应创新人才培养的需要,创造性地构建了基于深度学习理论的"三师"融合发展的专业成长模式。在学生发展方面,根据深度学习理论,从智慧教育课堂、信息素养、学生素养的共生关系出发，对学生学业发展方式提出了变革，并构建了自主交互式可控课堂的模式，积极倡导联盟各校学生开展远程公益活动。在资源建设方面，则从支撑智慧教育生态联盟这个前提出发，提出从资源建设目标、建设原则、建设策略、建设团队的整个系统来进行综合开发，成效显著。

第四部分（第七章至第九章）则是利用案例对智慧教育生态培育体系进行具体诠释。主要选择了在线走校教学、联动教研、跨校学科节等案例，这些案例既提供了智慧教育生态培育的理论，又详细展示了案例的形成过程，并反馈了这些活动所取得的一系列成果经验，为智慧教育生态培育体系提供了实践范本。

本书不仅高举教育公平正义的大旗，而且立足"区域""跨区域"，着眼高中教育内涵发展，紧扣智慧教育脉搏，与新时代高中教育高质量发展同频共振，构建了系统完备、科学规范、运转有效的智慧教育生态联盟，为区域、跨区域高中教育高质量发展提供了鲜活的"样本"，具有重大的理论意义与现实意义。

目录
Contents

第一章 149教育联盟的诞生、价值与意义

第二章 基于深度学习的跨区域智慧教育理论构建

第五章　智慧教育生态培育中的学生发展

第六章 数字化资源建设

第七章 在线走校教学课堂实录与点评

第八章　智慧教育生态培育中的联动教研

第九章　跨校学科节的设计和实践

第一章

149教育联盟的诞生、价值与意义

《中国教育现代化2035》提出，推进教育现代化的总体目标是：到2020年，全面实现"十三五"发展目标，教育总体实力和国际影响力显著增强，劳动年龄人口平均受教育年限明显增加，教育现代化取得重要进展，为全面建成小康社会作出重要贡献。在此基础上，再经过15年努力，到2035年，总体实现教育现代化，迈入教育强国行列，推动我国成为学习大国、人力资源强国和人才强国，为到本世纪中叶建成富强民主文明和谐美丽的社会主义现代化强国奠定坚实基础。

成都市作为全国统筹城乡综合改革实验配套区，在教育改革发展上一直是先行先试，要求以区县联盟和跨区域学校结对为主要载体，促进市域之间、学校之间在多方面联动发展，推进优质教育资源满覆盖，促进教育"三圈一体"优质均衡发展。2019年8月，成都市教育局下发了《成都市教育局关于进一步深化区域教育联盟发展的意见》，提出了联盟发展的总体思路、基本原则，确立了区域教育联盟的目标，布置了联盟发展的主要任务。

双流区双流中学和青白江区大弯中学在2012年就开始结对发展，后来两校联合承担了市级课题"双青高中名校联动发展研究"，以课题的形式推动联盟发展。2019年12月，在两校结对发展的基础上，成立了双流中学为领航学校的九校联盟，并且四川省教育资助金课题"新时代优质高中跨区域融合发展实践研究——以149教育联盟为例"成功立项。本课题着重于联盟的智慧化发展，把教育管理、教师发展、教学改革、资源共建等与信息教育技术深度融合，促使联盟各校的优质教育均衡推进。

第一节　智慧教育学校发展的实践与经验

《教育信息化2.0行动计划》开启了新一轮教育信息化建设。该计划提出了"以智能技术为手段、以融合创新为目标、以智慧教育为先导"的理念。由此可见，智慧教育是《教育信息化2.0行动计划》的理念航标。智慧教育的主要实践场所为学校，然而，智慧校园在研究和实践中出现概念泛化、边界模糊等倾向，信息化2.0时代下，校园生态系统正不断发生变革。因此，分析国际国内智慧教育学校实践经验，立足国情，探索信息化2.0时代下我国智慧教育学校实践的路径具有重要现实意义。

一、智慧教育学校发展的实践探索

我们在文献研究过程中，外文文献以SSCI为数据库，以"Smart Learning""Smart Education""Intelligent Education""Smart School""Future School""Smart Classroom"为主题进行检索；中文文献检索限定为教育技术学科的CSSCI来源期刊及中文核心期刊，以"智慧教育""智能教育""智慧学习""智慧校园""未来学校""智慧课堂"为关键词进行检索。外文及中文文献搜索时间段皆为2010—2020年。通过阅读文献的标题、摘要及正文内容，我们筛选出了与研究内容高度相关的外文及中文文献共计221篇。在研究过程中，我们对221篇文献进行了两轮通读浏览，建立了内容分析框架，并利用Excel软件对文章标题、作者、发表时间、关键词、研究内容进行列表归类。

基于文献分析，我们发现国内外智慧教育研究主题划分较明确，我们根据学校管理、师生信息素养、学习方式、教学方式、评价方式、资源建设6个研究主题分析国内外智慧教育学校主要实践经验（见表1）。

表1　国外国内智慧教育学校实践比较表

	国外	国内
学校管理	重视教育信息化团队领导力提升的重要性（David, F. S., & Choun, P. W., 2020）；智能管控、泛在融合、互联互通（唐玉溪，何伟光，2019）	侧重校长个体信息化领导力提升（吴娱，苏君阳，2016）；组织管理转向开放、扁平化；数据驱动管理，但数据挖掘不深入（余胜泉，李晓庆，2019）
师生信息素养	重视师生信息素养培育，实现人机协同；师生信息素养评价体系有待完善（Kim, H. S., Ahn, S. H. & Kim, C. M., 2019）	致力全面提升师生信息素养；目前师生信息素养评价体系仍不完善（李艳，刘淑君，2020）

续表1

	国外	国内
学习方式	机器学习技术支持下的泛在学习、混合式学习及个性化学习（Richa, B. & Vidushi, S., 2018）	主动、深度、无边界（张茂聪，鲁婷，2020）
教学方式	智能教学（智能备课、智能批阅等）；深度互动教学；新型教学模式打破传统课堂（Wogu, I. A. P., Misra, S., Assibong, P. A., Olu-Owolabi, E. F., Maskelinas, R. & Damasevicius, R., 2019）	变革传统教学模式、一二线城市试点先行（张茂聪，鲁婷，2020）
评价方式	构建多元、动态、数据导向的评价方式（唐玉溪，何伟光，2019）	致力多元、数据导向的评价方式，积极完善评价体系
资源建设	资源的开发、应用、获取、共享体系较完善	致力知识资源数字化、平面资源立体化、大资源共享

（一）学校管理

国外逐渐重视教育信息化团队领导力的提升，特别是经济发达国家的教育管理总体呈现出智能管控、泛在融合、互联互通的趋势。例如，美国密歇根大学建立了协作式教育管理模式。具体而言，该校以学生事务管理需求为导向，以智能技术为手段实现教育信息共享、精准教育管理及人机协同教育决策。该校开发的学生学业早期预警系统能够智能识别有学业风险的学生，协助教学管理人员及时进行干预，从而有效降低了学生的辍学率。我国致力建立数据驱动管理的新型管理机制，组织管理朝着开放、扁平化方向发展，努力实现教育治理现代化。目前，国内相关研究聚焦于校长个体的信息化领导力，校长信息化领导力虽在信息化建设中发挥着重要作用，但随着信息化环境中领导决策条件及状态的变化，领导力的焦点应从个体转向团队，充分发挥团队的领导力。并且，我国还未形成较成熟的适合我国教育信息化特色的领导力评价体系。

（二）师生信息素养

教师和学生的理念和技术素养是实施智慧教育的关键。为此，世界各国在教育信息化过程中都非常重视师生信息素养的培养。例如，韩国除了积极部署数字环境和设备，还对全国的教师进行智慧教育理念和方法的培训，保证教师教学理念及时更新，从而促进教师信息技术应用能力的不断提升。基于我国区域经济和教育发展不平衡的基本国情，我国也积极分层推进师生从技术应用向能力素质拓展。但目前不少学校的师生信息素养不高，信息化设备使用频率也不高，从而致使智能教育核心教学数据缺失，加之我国教师数据素养亟待提升，最终加大了教育数据挖掘分析的难度。

（三）学习方式

国外积极打造机器学习技术支持下的个性化学习环境。学生的学习方式也从传统学习向混合学习、移动学习、在线学习、个性化学习等新型学习方式转变。建立在机器学习和数据挖掘技术上的个性化学习研究是国外智慧教育研究的热点。对学习者而言，机器学习通过深入挖掘海量的教育大数据，发现学习者的规律，然后分析建模，预测学习者的学习行为，并为其提供个性化学习的支持和测评。当前，国外建立了许多自适应学习平台为学习者提供个性化服务。自适应平台通过统计分析学生的学习数据，根据学生的学习需求及学习风格，为学生推送个性化的学习内容。我国也致力实现主动、深度、无边界的学习方式。但是，国内外针对学习方式的研究大多停留在理论层面的探讨，缺乏模型的构建及现实的推广。

（四）教学方式

教师的教是为学生的学而服务的，学习方式的变革必然引起教学方式的变革。国外积极开展智能技术支持下的智慧教学。无线技术实现了海量教育资源，丰富了教学内容；虚拟现实技术和3D打印技术进入课堂后，实现了沉浸式及交互式的教学；慕课、在线课堂、翻转课堂、微课等新型教学模式打破了传统的课堂教学，推动课堂教学走向精细化、互动化及灵活化。我国近些年也积极变革传统教学模式，并在部分一二线城市试点先行。尽管已有许多学校展开智慧教育试点，但部分学校仍停留在表面，甚至有的学校由于技术条件限制尚未表现出智慧教育的特征。

（五）评价方式

学习方式及教学方式的变革必然引发评价方式的变革。国内外都致力构建多元、动态、数据导向的评价方式。评价内容日趋全面，涉及学业发展、态度、情感、价值观等；评价方式多元，如从显性化与隐性化、总结性评价与伴随式评价相结合；评价依据从主观经验的判断到客观数据的支持，从单一模态的信息变为多模态化的信息；评价场景从纸笔考试场景转到真实化、生活化、趣味化的任务场景。以近百所美国私立高中共同合作开发的一种全新学生评价体系为例。首先，该评价体系的评价内容较全面，共涉及学生的8项能力：分析和创造性思维，复杂的沟通能力，领导力及团队合作能力，信息技术及梳理能力，全球视野，高适应性、主动探索、承担风险的能力，品德和理性兼顾的对策能力，思维习惯。每一项能力细化后又形成61个小项。该评价体系不设分数和等级，持续追踪记录，基于数据来评估学生的能力。学校使用技术平台最终向每位学生提供动态跟踪的完整电子档案。该电子档案为大学招生人员深度了解学生提供证据，成为大学录取新生的升学新模式。

（六）资源建设

就资源开发建设而言，以韩国为例。数字教材不仅包括一般的教学内容，也包括各种自定义学习资源，这些资源通常是由视频、动画、虚拟现实等技术展示的教学内容，具有强大的智能分析和互动反馈功能。该数字教材集学习内容、学习支持、学习管理、互动反馈于一体，便于教师挖掘分析学生的学习数据和对学习行为进行管理引导，体现了智慧教育的核心特征。近年来，我国在教育资源开发、应用方式、获取途径及共享方式的实践方面也取得了很大进展。但是要实现教育信息化2.0计划，在实现知识资源数字化、平面资源立体化及大资源共享等方面仍需长期努力。

基于以上六个主题的分析，可见智慧教育实践硕果累累。但我国的智慧教育实践总体主要存在以下几点不足。①以上六个方面各自发展迅速，但是我国智慧教育实践对智慧教育的系统性和复杂性重视不够。生态系统的基本特征是整体关联、协同演进及动态平衡。②从学校管理、学习方式、教学方式、评价方式等方面来看，数据未被充分运用，信息孤岛现象普遍存在。各教育主体的信息素养亟待提升，对数据的挖掘及运用不够，未能充分发挥数据的价值；加之因不同部门之间、教育系统内部的信息管理系统数量众多且缺少统一规划，因此信息孤岛现象普遍存在。③技术设计及运用不足。教育信息化2.0行动不仅旨在促进技术的更新与运用，而且其更多的是促进技术同教育进行深度融合，重塑教育生态系统。

二、智慧教育学校引发的时代变量

随着智慧教育学校的持续推进，教育的各种因素也相应发生变化，出现了诸多变量，只有充分了解这些变量及其相互之间的制约关系，才可能探索出适应这些变量的新型学校教育模式，培养出适合未来发展需求的人才。那么，这些变量有哪些呢？

（一）主体变量

从学生端看，在人才培养体系方面，突出德育时代性，强化综合素质培养，拓宽综合实践渠道，综合素质评价完善。

面向全体学生，打牢学生成长的共同基础。注重培养学生的学习兴趣、学习能力和探索精神。充分考虑学生不同的发展需求，满足学生不同的学习需要，促进学生的发展。教育信息化已成为教育现代化的重要标志，是我国实现教育现代化、建成教育强国的必由之路。2019年2月，中共中央、国务院印发了《中国教育现代化2035》，要求"充分利用现代化信息技术，丰富并创新课程形式"，智慧教育便在此背景下诞生。实现智慧教育，意味着重构教育观和教育教学结构，利用信息化、智能化的手段激发现代课堂的生命活力，最终帮助学生形成能适应社会发展和终身发展需要的必备品格和关键能力，成为知识、技能、能力、品性均衡发展的智慧人才。而在基础教育领域，智慧人才的培养，正不断融入各个学科的核心素养培育之中。因此，教育工作者应不断探索在基础教育学科教学中如何有效利用现代化信息技术手段以构建智慧型课堂，培养学生学科素养、信息素养，从而满足学生今后进一步发展的需求。在现代化信息技术环境下，学生的学习方式也将发生巨大的转变。在智慧教学生态模式中，要求学生必须具备适应多元化学习的能力、深度学习的思维能力、个性化的自主学习能力。

从教师端看，新时代对教师提出了新要求。《教育信息化2.0行动计划》提出"推进新技术与教育教学的深度融合，真正实现从融合应用阶段迈入创新发展阶段，不仅实现常态化运用，更要达成全方位创新"。《全国中小学教师信息技术应用能力提升工程2.0》要求"将集中培训、网络研修与实践应用相结合，以科学信息化教学为重点，整校推进开展教师信息技术应用培训"，这更是将"行动计划"中的要求严格落到实处。由此可见，在信息技术高速发展的当下，作为教学实践一线的教师正面临前所未有的挑战。因为在高速发展的信息时代，教学模式也发生着日新月异的变化，要求教师变革以往的教育模式，提升自己的专业能力，以符合智慧化的教育新模式。所以，当下教师专业能力的变革和发展是智慧教育生态培育过程中一个至关重要的元素。

149跨区域教育联盟着眼于"教师主体"这个变量，主动作为，率先迈出了通过共同体提升教师智慧教育素养的步子。

教师发展共同体即通过共同的实践活动，给其中的成员以适当的角色，让共同体内的成员在协商、合作中获取共同的意义与实践，从而各自获得发展。区别于传统的培训和其他培养方式，教师实践共同体中的发展是正式与非正式、线上与线下的融合，它可以使教师在教研活动的基础上拥有更多具有情境性、复杂性和实践性的学习机会。同时，搭建研究环境，让共同体内的成员在协商、合作中获取共同的意义与实践，从而获得发展。这种改变的积极作用在于，能够较强地提升学习与教学活动的效率、效果及效益。它可以使教师在集中培训的基础上拥有更多的情境性、复杂性和实践性的学习机会，更充分地考虑到地域、年龄层次等个体差异，同时发挥共同体内部成员的个体优势。

开展跨区域、跨校区远程在线互动教研活动，以学科教研组为单位，成立校区之间的教学研究小组，定时、定期利用视频会议系统地进行共享教研。远程教研主要由校区分管教学的领导和教科室主任负责安排，各学科教研组长承担相关研讨活动的开展和会后的一系列工作。在跨校区之间教研组内部、在不同学科之间进行集体备课。借助腾讯智慧教育云平台进行智慧课堂教学的网络优势条件，开展基于深度学习（D课堂）的集体备课。集体备课主要由校区分管教学的领导和教科室主任负责安排，各学科备课组长承担相关研讨活动的开展和会后的一系列工作。建构"三师"融合成长模式。"三师"指跨校师徒结对、教师工作坊和名师工作室。教育联盟学校通过共同体签订"党建共建协议"，建设"党建共同体"，促进跨校区学校党组织联动发展。建立区域教育联盟党建融合发展体，成立师德建设领导小组，定期召开跨校区党建协调会议，建立组织联建、活动联办、人才联育、资源联用等发展路径深度融合机制，促进联盟及学校共同体基层党组织互帮互助常态化发展。

（二）过程变量

随着信息技术的快速发展，技术给予教学管理的变革最为明显，也最为深远。从2020年年初的新冠疫情也可看出，信息化的管理手段能够加快并带动教学方式的快速变革。现代的教育管理制度是大工业时代的产物，在信息技术的影响下，未来的教育将单一化的管理模式、经验化的制度下达、独立的制度执行，转化为泛在融合、互联互通的教育管理体系。学校间、区域间、城市间都将搭建互联互通的桥梁，重整教育管理空间，加速技术与教育的融合。

149跨区域教育联盟坚持开放和共享的原则以促进联动发展，以深度学习的发生机制作为导向，在联盟学校中努力推进跨校区融合教育，并创新出具有深度学习特征的融合教育路径，形成促进人全面发展的教育体系。

打造跨区域智慧教育生态系统应被看作一个整体，区域内的学校应该是融合而不是组合，只有以统整的思维加强互动融合，才能形成一个紧密型、有机型的整体。在教学组织管理方面，有序推进选课走班，以信息教育技术助推课堂教学改革的深化和教学管理的优化，实施精准教学、精准管理。积极探索启发式、合作式、探究式、自主式等多种学习方式。鼓励和支持教师进行教学方式改革的探索，形成教学风格和特色。成立联盟协调组，专门负责落实各种生态系统建设的布置和人员交流的协调；成立联盟督导组，负责全程跟踪生态系统建设的操作实施过程，并及时反馈生态互动实践的相关信息。组成智慧教育生态系统研究组，专门从事教育生态构建的调查研究、行政决策研究、教育生态制度研究、构建措施研究、经费投入研究。

（三）方式变量

加快信息化时代教育变革。建设智能化校园，统筹建设一体化智能化教学、管理与服务平台。利用现代技术加快推动人才培养模式改革，实现规模化教育与个性化培养的有机结合。创新教育服务业态，建立数字教育资源共建共享机制，完善利益分配机制、知识产权保护制度和新型教育服务监管制度。推进教育治理方式变革，加快形成现代化的教育管理与监测体系，推进管理精准化和决策科学化。为实现《教育现代化2035》战略规划，智慧教育生态培育过程中还有一个重要的要素就是资源的建设力。而资源建设力的保障与途径应该包括平台的搭建、资源的共建共享、资源库的维护更新等方面。教育部在2018年4月发布的《教育信息化2.0行动计划》，是推动我国教育系统性变革的内生变量。基于web2.0等传统信息技术支持的智慧教育也将由网络化和信息化全面转向智能化和智慧化。传统的数字资源类型多且量大，却难以无缝支持当前基于深度互动与智能开放的智慧学习活动，不利于培养智慧学习者。许多学校已经意识到教育信息化的重要性，积极整合力量进行资源开发，一些学校却因教师的精力和能力不足尚未行动起来。因此，为进一步推动信息化建设水平和解决学校的现实困境，进行跨区域、多校区联动资源的开发与共享具有重要的意义。

（四）内容变量

从课程实施方面看，全面、高效实施新课程新教材，学校课程管理完善。学校应依据国家课程设置要求，结合办学目标、学生特点和实际条件，制订满足学生发展需要的课程实施规划。开齐国家规定的各类课程，开足规定的课时，充分挖掘课程资源，开发、开设丰富多彩的选修课程。实施共生课堂。坚持开放和共享的原则，突出学科特色，促进区域之间、校区之间、教育管理、队伍建设、教学质量、课题研究、校外实践等多方面联动发展，增强教育联盟内部的事业共谋、信息互通、资源共享、师资融合、文化濡染，推进优质教育资源满覆盖，促进教育优质均衡发展。构建学生学习共同体。校区之间形成学生学习共同体，这个共同体是一个大系统，体系内部既有竞争，又有联合，尽管其属性不同，但在整个环境中，各个系统间存在着相互影响又相互合作的关系。借助互联网技术、智能终端设备和教育云平台的支持，在课堂教学中充分体现深度学习（D课堂）的理念，在校区之间逐渐加大"互联网＋深度学习（D课堂）"的探索推广力度。进一步探索深度学习（D课堂）教学与信息技术的深度融合，以及如何优化教学的课前预习反馈、实时数据出现，课中立体互动、师生持续沟通，课后个性辅导，兼顾学生差异等各个环节。如何优化基于互联网的智慧课堂教学原则，即"学为根本、先学后教、合作互动、妙手释疑、个性拓展"。优势特色学科跨区域在线走校教学。在课程建设中，学科教师收集在教学过程中学生存在的各种疑难问题，将这些问题汇总后经教研组讨论梳理出问题，制作成解答学生疑难问题的微课，进一步促进学生深度学习。在线深度学习课堂联动，构建跨区域、全方位、围绕学校育人目标的课程体系，开发与学校学科发展相对的多类型在线课程，旨在培养学生的核心素养。

从课程评价方面看，建立学分认定和管理制度，完善综合素质评价制度。考试命题应注重紧密联系社会实际与学生生活经验，强调综合运用知识分析解决实际问题能力的考查，要有利于促进学生核心素养的发展。

（五）载体变量

21世纪是信息时代。信息科学技术颠覆了传统的教育模式，提出了全新的基于教育信息化的教育理念，丰富多样的信息技术应运而生，在教育信息化进程中，以物联网、大数据、云平台、互联网为代表的新信息技术成为教育深度创新和发展的催化剂。它是信息时代、知识时代和数字时代素质教育的深化和完善。这是培养21世纪创新型、智慧型、应用型人才的内在要求。信息时代的典型特征是以先进的信息技术构建可行的世界发展愿景，将先进的信息技术与智慧理念相结合，进而推动智慧教育体系。

目前，校区之间点对点的资源共享机制和运营办法已不能满足多校区、跨区域的应用需求，资源的共享方式、共享类型、平台搭建方式和运营方式都将发生深刻的变化。

三、智慧教育学校发展的路径经验

基于教育信息化2.0时代学校发展的系统性变革需求，以及对国际、国内智慧教育学校实践成功经验及不足的梳理,我们尝试探讨智慧教育学校实践的发展路径。

(一)需求导向,理念领航

需求反映了教育变革的问题与诉求。进入智慧时代,社会需要大批创新人才,思维的培养成为当今社会发展的核心内驱力。因此,我国应积极探索新的教育范式,形成新的教育形态——"个性化与创新性",走出中国特色的智慧教育道路。以时代需求为导向,以先进理念领航,学校层面的实践才会更科学。因此,学校管理团队、教师及学生应及时更新理念,以开放的心态迎接智慧教育时代。

(二)重组生态,面向未来

教育信息化2.0背景下,教育生态体系是指向一个由教育管理部门、学校、供应商、教育主体、社会主体组成的社会生态系统,人本化带来的用户需求的多样性与个性化需要以生态策略打造开放的教育生态系统。

首先,实施开放性策略。开放标准、架构和接口,促进系统内各要素间的协同,使政府、企业、科研机构、学校多方形成合力,从而打造开放、协同演进的生态系统,减少信息孤岛现象。新加坡智慧变革的亮点之一就是多主体的参与,个人、企业、政府与教育技术研究团队、信息技术研究人员及海外教育技术机构建立合作关系。企业开发产品与学校实际需求紧密对接。企业直接对试点学校提供培训与技术支持,并且与教师及管理者保持积极互动。基于此,学校与教师在电子教材及其他教育资源与应用的开发上有更大的话语权。

其次,实施系统性策略。《教育信息化2.0行动计划》提出了系统推进的原则。该计划围绕基础设施、数字资源、虚拟空间、师资队伍、学生素质、教育治理、管理机制等系统打出了"组合拳"。笔者基于对国内外实践经验的梳理,建议从以下六个方面进行系统推进。

(1)打造智能、融合及互联的教育管理体系。首先,搭建学校、区域及城市间互联互通的桥梁,重构教育管理空间。其次,促进领导力的焦点从个体转向团队,充分发挥团队的领导力。与此同时,努力构建较成熟的适合我国教育信息化特色的领导力评价体系。

（2）全面提升师生信息素养，构建完善的信息素养评价体系。

（3）结合时代背景并融合技术发展对智慧学习进行内涵说明和模型构建，并且在信息化条件较好的地区率先试点，为智慧学习方式的全面推广奠定基础。

（4）探索新的教学模式，借助丰富的信息技术资源与工具，为学生创设交互式、沉浸式、指向深度学习的学习场域。

（5）构建多元、动态、数据导向的评价体系。对学生进行深度分析与诊断，对教师的教学资源、教学设计、教学行为进行深度分析，最终实现以评促学促教。

（6）推进开放资源汇聚共享，向大资源共享计划迈进。此处的大资源既包括知识，也包括知识间的联系；既包括知识学习，也包括智慧生成。

以上六个方面应该系统推进，从而实现系统行动与高效协作，推动教育信息化进程。

（三）技术赋能，注重设计

如果想促进技术与教育的深度融合，还应当厘清技术和教育之间的关系。技术的发展是为教育服务的。冰冷的技术支撑下的智慧教育往往容易忽视学习者的情感需要及个性化的学习需求。因此，技术的设计与应用应从学生的学习需求出发。具体而言，各个主体可做出以下努力：于政府而言，应加大在新兴技术促进教育产业升级方向的投入，尽早普及新兴技术在教育中的应用；于高校而言，密切与学校进行沟通合作，加强对学校技术设计与应用的指导；学校管理者和教师应努力提升技术设计能力。对于所有的技术受益者，如学生、家长等，在感受技术带来便利的同时，也应当及时反馈新兴技术存在的不足，帮助技术不断升级，推动技术发挥其更大的价值。

（四）数据驱动，联结内外

数据是人工智能的燃料，也是智慧教育的驱动力。然而，目前教育大数据的采集和应用是脱节的。例如，视频监控设备采集的数据仅仅发挥的是安防作用，未充分发挥大数据的价值；在学生的综合素养自动评估中，大量过程性数据附着在各类传感器及应用系统上，然而在运用过程中未将数据充分融合。基于以上问题及文献分析，可以采取以下策略：首先，努力提升教育各主体的数据素养，积极构建较完善的评价体系；其次，综合考虑各模态数据的融合性，融合应用面向机器学习、深度学习的多模态数据；最后，数据不仅应实现教育系统的内部联结，还应使教育系统与社会系统紧密联结。微软公司提出，未来的互联网世界将会是"云＋端"的组合。利用"云"构建的教育环境不仅能够解决数据互联互通问题，实现资源整合、知识共享，还能使教育系统具有较强的自适应性，能够灵活应对未来大规模的应用发展需求。

（五）立足实际，打造特色

为了避免千校一面，各学校应立足自身实际，着力打造学校智慧教育实践特色。例如，构建跨区域云端联动模式，即单个或多个区域内的多所学校形成联盟。

比如，区域教育联盟就可以借助腾讯远程会议系统、腾讯直播课堂、企业微信等智慧平台，从管理、教师、教学、资源等维度构建教育联盟的操作模式。以此构建跨区域教育数据中心，搭建教育管理体系的智慧网络，从而实现校区间数据的联通与融合，打通校区间的数据孤岛；借助智慧平台从远程教研、集体备课、师徒结对、教师工作坊、党建联动等方面构建跨区域教师发展共同体的智慧操作方式；运用智慧教育平台，构建跨区域学生学习共同体，开展各校特色学科跨区域在线走校教学，以及在线深度学习课堂联动活动；搭建跨区域资源共建共享平台，包括数字化教学资源建设、在线课程建设、特色教学资源建设。

跨区域教育联盟操作模式高于学校范畴，生态更加丰富多元，利于实现资源跨域配送及优质资源共享。多层面的数据（区域、学校、班级）实现同类学校之间的对比分析，有利于解决学校的共性问题，基于共性问题，学校可以进一步通过数据分析问题产生的原因，聚焦个体问题的解决，根据问题确定管理与改进措施。

在智慧教育发展背景下，如何基于已有实践，不断探索并实现学校教育系统的整体变革是培养面向未来创新型人才的时代需求。149教育联盟立足国际国内，总结了智慧教育的实践经验，并尝试探寻学校实践路径。基于文献分析的结果，国外研究多为基于微观视角的实践探索，国内多为基于宏观视角的理论构建。因此，国内未来的研究应加强实践探索。我们仅从6个方面对智慧教育实践经验进行总结，未来的研究可从更多的维度对智慧教育实践经验进行探讨。

第二节　149教育联盟智慧教育生态的推进

随着教育信息化的不断发展，最近几年来，智慧教育联盟成了国内学术界关注的热点。从宏观角度来看，联盟可以由两个或多个拥有相当实力或具有互补资源的企业组成。它们出于对整体市场的预期和企业整体目标的考虑，以达到共同拥有可利用资源、提高竞争力、合作研究、共享市场与客户群等目的，通过相应的协议而组成"优势相长、风险共担"的松散型合作组织形式。在教育领域，联盟则更侧重于以一定方式组成的"优势互补、风险共担、要素双向或多向流动"的松散型网络组织。[①] 随着国家《教育信息化2.0行动计划》《中国教育现代化2035》等文件的发布，"互联网＋教育"、智慧教育等战略愿景的提出，教育者们应践行信息技术与教育教学"深度融合、和谐互助"的核心理念，构建网络化、数字化、智能化、个性化、终身化的教育体系。

一、149教育联盟的诞生

成都市作为全国统筹城乡综合改革实验配套区，在教育改革发展上一直是先行先试。成都市根据建设"城乡一体化、全面现代化、充分国际化"的世界生态田园城市总体部署和"双核共兴、三产联动、圈层融合"全域成都发展战略，要求以区县联盟和跨区域学校结对为主要载体，促进市域之间、学校之间在事业规划、制度建设、教育管理、队伍建设、教学质量、课题研究、校外实践等多方面联动发展，增强圈层教育的事业共谋、管理共进、资源共享和信息互通、师资融合、文化濡染，推进优质教育资源满覆盖，促进教育"三圈一体"优质均衡发展。2019年8月，成都市教育局下发了《关于进一步深化区域教育联盟发展的意见》，提出了"统筹兼顾、突出重点""整体联动、融合发展""资源互动、优

---

① 王玉锦. 当代高校战略联盟研究[J]. 现代企业教育，2011（12）：178–180.

质共享"的基本原则,确立了区域教育联盟的目标,布置了联盟发展的主要任务。2012年,双流县双流中学和青白江区大弯中学就已经开始结对发展,在全国开了先河,创造性地提出了城乡教育发展互动联盟。2016—2019年,两校联合承担了市级课题"双青高中名校联动发展研究",以课题的形式推动联盟发展,取得了突破性的成果,并在全市范围内推广。2019年10月,为了进一步扩大成果的应用,适应教育的智慧化发展,以双流中学为领航学校,四川省内的四座城市九所中学组成了149教育联盟,并成功申请四川省教育资助金课题"新时代优质高中跨区域融合发展实践研究"立项。

课题着重于联盟的智慧化发展,把教育管理、教师发展、教学改革、资源共建等与信息教育技术深度融合,促使联盟各校的教育优质均衡推进。

(一)149教育联盟的发展理念

教育联盟是指两个或两个以上相对独立的学校为了自身发展的需要以签订正式合约的形式建立的教育共同体。共同体形成便是建立了一个系统,共同体内部各构成要素就必须相互协调和制约,形成共求共行、共赢共生的发展共同体。联盟内的学校应该是融合而不是组合,只有以统整的思维加强互动融合,才能形成一个紧密、有机的整体。各所学校的共同发展目标和特色发展目标引领着联盟的一切活动,同时联盟采取的一切措施又指向共同发展目标和特色发展目标。这些目标不仅是联盟活动的方向和归宿,同时又指导着对联盟活动的评估和监测,使联盟措施沿着正确的道路前行,坚持开放和共享的原则来促进联盟发展,推进跨校区融合教育,适应中学生的发展需要,创新出具有联盟学校各自特色的融合教育路径。

敞开胸怀。联盟学校不能因为自己是名校,是四川省一级示范校,是全国知名学校,就盲目自大,认为自己是最好的,而是要敞开胸怀,走入他方学校,了解他方学校。

互鉴互利。凡能成为名校,其必有与众不同之处。与众不同之处并不意味着不存在不足之处。学校结盟的主要目的是互鉴互利,弥补学校的不足,在学校原有的基础上产生新的活力。所以,我们要否定单向借鉴、单方获利的观念,要排除一所学校跟着另一所学校亦步亦趋发展的念头。

联动发展。学校结盟，就是资源共享，如人力资源共享、课程资源共享、研究资源共享、信息资源共享、社会资源共享等。众人拾柴火焰高，学校结盟发展，一种资源会产生多倍的效果，一校的发展会促进其他学校的前进，多方联手，联动发展，发展就会提速。

突出特色。学校都有自己的特色，特色就是学校的招牌，是学校的品牌，是学校的灵魂，它蕴含了学校的文化基因，是名校之所以成为名校的根本所在。学校结盟，不是要消解以前的特色，而是要去寻找适合各校发展的共同特色，是要从他方学校获得新的能量来弥补、丰富、发展、完善、凸显原有的特色，使各个学校生机勃勃、活力无限。

（二）149教育联盟的前世今生

149教育联盟的发展经历了三个阶段（见图1-1）。

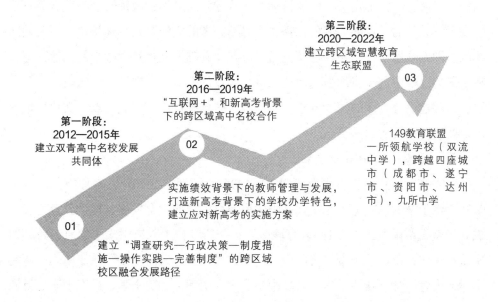

图1-1　149教育联盟发展的三个阶段

第一阶段：2012—2015年

自2012年双流县双流中学与青白江区大弯中学形成结对学校以来，两所学校在合作过程中既共同发展，又凸显自身特色。两校成立名校发展互动融合协调组、研究组、督导组。负责落实各种互动融合措施的布置和人员交流的协调；从事互动融合的调查研究、行政决策研究、融合制度研究、融合措施研究、经费投入研究等；负责全程跟踪互动融合的操作实施过程，并及时反馈互动融合实践的相关信息，便于及时调整相关的制度和措施。

两校建立双青高中名校发展共同体，树立名校发展愿景，结合学校所在区域经济特点与区域教育特点和两所学校的办学理念、学校特色、发展愿景、经费投入、学校管理、资源建设、课程建设、教育教学、教研科研、国际化教育等方面的实际情况，实施高中名校发展互动融合的各项制度措施。在实践中不断探索、反思、补充和完善，形成一条"调查研究—行政决策—制度措施—操作实践—完善制度"的跨区域校区融合发展路径。

第二阶段：2016—2019年

2016年以来，两校将"互联网＋"和新高考背景下的跨区域高中名校合作机制作为发展重心，确定三个发展目标：实施绩效背景下的教师管理与发展，打造新高考背景下的学校办学特色，建立应对新高考的实施方案。逐步树立名校共同体的共同发展愿景，凸显名校特色品牌。在此基础上提炼双青融合的操作策略，在实践的过程中进一步加强沟通和融合，两校的人员相互融入；加强教师专业发展、课程建设等方面的深度合作；发挥两校的自身特色、区域特点、文化特色，满足两校联动发展的需要。

第三阶段：2020—2022年

建立跨区域智慧教育生态联盟——149教育联盟。2020年，在原有的双流中学和大弯中学的基础上，为实现高中优质教育资源的融合发展，促进教育均衡。成立了覆盖范围更大的"149教育联盟"，一所学校（双流中学）领航，跨越四座城市（成都市、遂宁市、资阳市、达州市），共有九所中学（双流中学、西北中学、大弯中学、新津中学、三星中学、永安中学、大英中学、乐至中学、万源中学），形成了一个跨区域教育联盟。联盟聘请西南大学深度学习研究与实践团队为技术指导，以信息技术与教育教学深度融合的核心理念为指导思想，以实现跨区域高中优质教育资源的融合发展，促进教育均衡为目标，基于腾讯智慧校园云平台，以深度学习的方法与策略为实践框架，打造教育联盟，形成发展共同体，实现管理、教师、教学、资源四个维度的全面升级。共建共享优质教育资源，共同服务国家新经济形态下的发展战略。

二、149教育联盟的定位与价值

从20世纪60年代起，当人类社会跨入知识经济、信息时代，西方便开始兴起"学校消亡论""非学校化教育"等思潮，这是对大工业时代的现代学校制度、课程设计与教学范式进行的时代考问。[①] 时至今日，人类社会正快速从信息时代、网络时代大踏步迈进智慧时代，以5G网络、人工智能、物联网、大数据、区块链、深度学习等为代表的智能技术扑面而来。149教育联盟定位与价值的新诉求体现在以下4个方面。

（一）149教育联盟的实施定位

改革开放以来，我国为提升高等教育的国际化水平，先后制定了相应的发展规划和目标，并取得了一定的成果，但与发达国家的教育联盟相比仍有不小的差距。教育联盟是联盟学校之间优势互补、风险共担、资源流动的相互合作模式，是一种全方位的深度合作。从我国教育联盟的建设情况来看，目前存在以下3个问题。

一是联盟学校缺少关联。我国早期智慧教育联盟的发展属于无序叠加模式，即缺乏网络化、系统化和具有强执行力的顶层设计与规划，导致各联盟学校盲目地进行信息化建设，从而导致许多应用系统在建成后便进入"休眠"状态。[②] 联盟学校的信息化建设难以实现基础数据与优质教学资源的互联互通与共建共享。实际上，导致这样的"孤岛"现象原因是多方面的，比如联盟学校信息化建设与应用的管理职责不够明确、建设的技术标准相对滞后与不够完善、信息化教育资源与信息系统的供应商与联盟校的对接不够，等等。

二是教研活动开展匮乏。教研活动匮乏表现在教师意识与教研形式两个方面。在教师意识方面，表现在参与教研活动的教师意识较为薄弱。较多的教师认

---

① 张良，易伶俐. 试论未来学校背景下教学范式的转型——基于知识观重建的视角[J]. 中国电化教育，2020（4）：87-92＋117.

② 杨现民. 区域智慧教育综合服务平台建设及关键问题探讨[J]. 现代远程教育研究，2015（1）：72-81.

为教研需要花费大量的时间和精力，在缺少主观能动性的情况下，教研活动的成效不够显著。[①]教研活动的形式相对单一，多以听课、评课等单向的形式展开，缺少多向互动、引导式、符合深度学习范式的教研活动形式。

三是教育资源单向构建。从教育联盟的建设意义中可以看出，教学资源建设始终是教育联盟建设过程中的重点任务。从目前教育联盟的建设来看，联盟学校在教育资源的建设与共享方面花费了大量的人力与财力。然而，经过调研发现，一线教师普遍反映目前学校的教学资源很难应用到课堂教学中，需要花费大量的时间去搜集和整理。

由此可见，教育联盟的实施定位应立足于建设具有高度整合性、系统性、数据化等特征的现代化教育生态。一方面，各联盟学校之间需要在顶层设计上统筹规划，最大化地利用各方优势，取长补短，协同发展。另一方面，教育联盟旨在实现优质教育资源的广泛传播，因此在教研互动、教学改革、教育资源建设上，需要多方协调，在企业、学校、教师三方面实现信息对等、需求清晰，最终促进教育联盟以技术、教育和社会融合发展的新样态走向教育现代化2035。

（二）149教育联盟的实施价值

149教育联盟的建设是一项涉及面广、区域特性强、技术含量高、规模庞大、建设周期长的大型系统化工程。其需要教育研究者进行统筹规划，从而促进教育联盟能够健康有序地进行，进而在区域内带动教育水平的整体提升，满足区域性教育现代化发展的需要。具体可以从以下三个方面来看。

一是统筹规划，逐步到位。从教育联盟的综合改革与长远发展来看，联盟学校需要统筹规划教育联盟的组织结构、核心能力、建设目标、保障机制等，构建具有深度性和先导性的智慧化教育环境。同时，在统筹规划和完善顶层设计的基础上，坚守突出重点、合理分配、提高效益、分步实施的工作方法，并能够充分利用前期教育信息化建设所取得的成果，合理整合已有的硬件与软件资源。新建的与已有的各类教育信息系统都应遵守网络化、统一化的操作标准，实现联盟的数据、资源与系统互通。

---

① 顾峰. 开展校本研修促进教师专业发展[J]. 教育发展研究，2003（12）：5.

二是需求导向，融合创新。教育现代化的各项工作要始终围绕教育联盟的实际应用需求展开。教育联盟的所有应用系统的规划建设与实施都应践行需求驱动的原则，以满足实际教育需求为前提，结合现代化的先进理念进行创新设计。随着大数据、云计算、5G、物联网等智慧化信息技术的发展，为目前亟待解决的教育难题（如教育减负、教育公平、优质教育等）提供了有利条件。信息技术与教育实现网状结构、互相支撑，以科教融合作为核心思想，实现教育体系智慧化运行和发展。

三是递进升级，逐步完善。教育联盟为满足各联盟的需要为重点，需要将教育管理、教师培育、教学改革、教育资源建设等逐步升级与完善。同时，根据递进升级教育联盟运行机制与操作规范需要，在统筹规划时进行详细的调研与规划，尽量避免资源浪费。此外，教育联盟的递进升级还需要具有一定的前瞻性，瞄准教育现代化2035建设，以及未来3～5年的国家教育发展需求，推动教育联盟的可持续发展。

三、149教育联盟智慧教育生态的建设与经验

149教育联盟基于深度学习的内在机制与操作范式，充分考虑各联盟校的实际情况，采用"互联互通、融合发展"的构架模式，在教学管理、教师培育、教学改革与教学资源等方面构建共建共生的智慧教育联盟生态。

（一）教学管理：互联互通、融合发展

随着信息技术的快速发展，技术为教学管理带来的变革最为明显，也最为深远。信息化的管理手段也能够加快并带动教学方式的快速变革。[①] 现代的教育管理制度是大工业时代的产物，在信息技术的影响下，未来的教育将单一化的管理模式、经验化的制度下达、独立的制度执行，转化为泛在的、融合的、互联的教育管理体系。学校间、区域间、城市间都将搭建互联互通的桥梁，重设教育管理空间，加速技术与教育的融合。

---

① 胡航，杨旸.公共危机中在线教育的反思[J].终身教育研究，2020，31（4）：37-43.

149教育联盟坚持开放和共享的原则来促进联动发展，以深度学习的发生机制作为导向，在联盟学校中努力推进跨校区融合教育，创新出具有深度学习特征的融合教育路径，形成促进人全面发展的教育体系（见图1-2）。

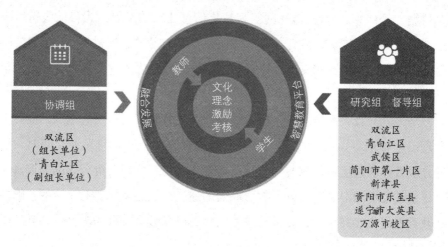

图1-2　149教育联盟教学管理的实践框架

在149教育联盟教学管理的实施过程中，由双流区组长单位和青白江区副组长单位抽调部分行政领导和相关教师，组成跨区域智慧教育联盟协调组，专门负责落实各种生态系统建设的布置和人员交流的协调；由组长单位、副组长单位、武侯区、新津区、简阳市第一片区单位、资阳市乐至县、遂宁市大英县、万源市成立跨区域智慧教育生态系统督导组，由成员所在区教育局抽调人员组成，负责全程跟踪生态系统建设的操作实施过程，并及时反馈生态互动实践的相关信息，便于及时调整相关的制度和措施。并从成员所在学校抽调教学科研骨干教师组成跨区域智慧教育生态系统研究组，专门从事教育生态构建的调查研究、行政决策研究、教育生态制度研究、构建措施研究、经费投入研究。

（二）教师培育：实现发展共同体

教师发展共同体即通过共同的实践活动，给其中的成员以适当的角色，让共同体内的成员在协商、合作中获取共同的意义与实践，从而获得各自的发展（见图1-3）。区别于传统的培训和其他培养方式，教师实践共同体中的发展是正式与非正式、线上与线下的融合，它可以使教师在教研活动的基础上拥有更多具有情境性、复杂性和实践性的学习机会。同时，搭建研究环境，让共同体内的成员在协商、合作中获取共同的意义与实践，从而获得各自的发展。这种改变的积极作用在于，能够较大地提升学习与教学活动的效率、效果和效益。它可以使教师在集中培训的基础上拥有更多的情境性、复杂性和实践性的学习机会，更充分地考虑地域、年龄层次等个体差异，同时发挥共同体内部成员的个体优势。

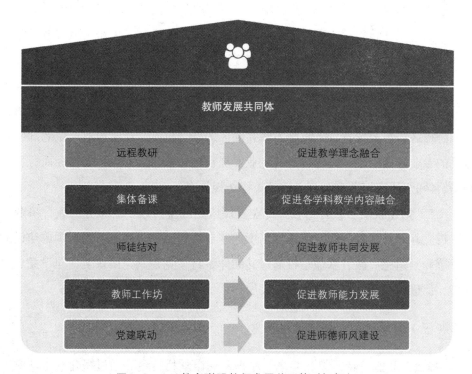

图1-3　149教育联盟教师发展共同体时间框架

实践活动可以从以下五个方面开展。

（1）远程教研。为落实教师实践共同体的发展，打造跨区域远程教研平台，依托腾讯智慧教育云平台中的远程会议系统和智慧教室互动系统，开展跨区域、跨校区远程在线互动教研活动，以学科教研组为单位，成立校区之间的教学研究小组，定时、定期利用视频会议系统进行共享教研。教研小组的教研形式不仅限于互动交流、讨论，还可以通过远程互动教室进行课件展示、课程模拟等，使远程教研活动进入常态化应用。

（2）集体备课。为促进各校区各学科教学内容的融合，在跨校区之间教研组内部、在不同学科之间进行集体备课，同时与组长和副组长校区单位强强联合，借助腾讯智慧教育云平台进行智慧课堂教学的网络优势条件，开展基于深度学习（D课堂）的集体备课。集体备课主要由校区分管教学的领导和教科室主任负责安排，各学科备课组长承担相关研讨活动的开展和会后的一系列工作。

（3）师徒结对。为促进跨校区教师的共同发展，培育教师扎实的知识功底、过硬的教学能力、勤勉的教学态度、科学的教学方法，以学科教研组为单位，成立校区之间教学研究对接小组，构建师徒对接机制，由跨区域智慧教育生态系统研究组负责制订《教师师徒对接规划书》。

（4）教师工作坊。为发掘优质教育资源和营造良好的教师合作文化，促进教师群体在教学、科研、理念的可持续发展，建立教育联盟跨校区教师工作坊，探索跨校区智慧教育背景下教师实践共同体的融合机制，让学校每一位老师明确自己的专业发展阶段，确定自己的专业发展目标，依目标而思，据目标而行。由149教育联盟研究组负责制订《教师工作坊规划书》。

（5）党建联动。教育与教师专业发展应始终坚持以"忠诚党的教育事业，坚定树立起终身从教的职业信念和高度的职业责任感"为主线，强调师德建设的责任感和紧迫感。教育联盟学校通过共同体签订《党建共建协议》，建设党建共同体，促进跨校区学校党组织联动发展。

（三）教学改革：搭建共生课堂

149教育联盟坚持开放和共享的原则来突出学科特色，通过搭建共生课堂，促进区域之间、校区之间、教育管理、队伍建设、教学质量、课题研究、校外实践等多方面联动发展，增强教育联盟内部的事业共谋、信息互通、资源共享、师资融合、文化濡染，推进优质教育资源的全面覆盖，并促进各联盟学校的均衡发展。149教育联盟教学改革坚持科教融合的基本思想（见图1-4），将科技进步与教育发展作为交互支撑，创新应用、整合的教育技术与教学改革手段，解决当前教育联盟面临的教育发展重大现实问题，实现教育改革智慧化运行和发展。

具体来看，149教育联盟教学改革是从四个方面入手的。

（1）构建学生学习共同体。校区之间形成学生学习共同体，这个共同体是一个大系统，体系内部既有竞争，又有联手，尽管其属性不同，但在整个环境中，各个系统间存在着相互影响又相互合作的关系。借助互联网技术、智能终端设备和教育云平台的支持，在课堂教学中充分体现深度学习（D课堂）的理念，在校区之间逐渐加大"互联网＋深度学习（D课堂）"的探索推广力度。

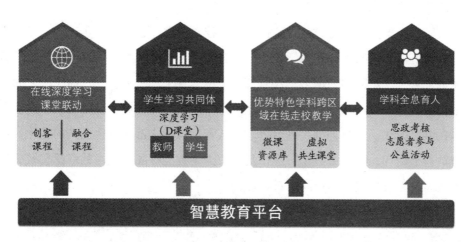

图1-4　149教育联盟教学改革实践框架

（2）优势特色学科跨区域在线走校教学。教育联盟牵头建立智慧教育生态在线课程平台，建设各校区优势学科的微课资源库。校区间教师根据虚拟共生课堂的需求，提供必要的课程引导和课后辅导。依托跨校区智慧教育生态系统，使得不同区域、不同学校的学生和教师在互联网虚拟空间中形成由教师、学生、课程、环境与技术共同组成的课堂生态系统。

（3）在线深度学习课堂联动。构建跨区域、全方位、围绕学校育人目标的课程体系，开发与学校学科发展相符的多类型在线课程，旨在培养学生的文化基础、自主发展、社会参与的核心素养。为了顺应新课改的要求，为学生提供多元化、个性化的丰富课程资源，校区之间发挥各自的课程优势，借助智慧教育生态系统，打造共享、共生的在线深度学习课堂，各校区开设各学科形式多样、各具特色的优质在线课堂。

（4）学科全息育人。坚持正确的政治方向，贯彻党的教育方针。在深度学习课堂中，把握学生的个性特点，关注成长过程，鼓励学生不断进步，激发每一个学生的潜能优势，引导他们践行社会主义核心价值观。在学科教学过程中深度融入学科全息育人思想，进行跨区域和跨学校的思政进课堂活动，在学科教学中贯彻党的育人方针和政策，将学科育人体现在学科教学过程中，设计课程、开发活动。

（四）教学资源：实现共建共享

现阶段，部分学校已经建立了校区间的校本资源互通平台，实现共享对方学校的校本资源，这些资源和教学系统的结合丰富了校区的教学内容。但随着信息技术的发展和应用需求的增多，从教育联盟中的各个校区来看，目前校区之间点对点的资源共享机制和运营办法已不能满足多校区、跨区域的应用需求，这使得资源的共享方式、共享类型、平台搭建方式和运营方式都在发生深刻的变化。在未来的智慧时代，随着大数据、虚拟现实、人工智能等先进技术的广泛普及，教育资源将在教育的时间、空间上进行延伸。[1]

149教育联盟教学资源建设主要从以下三个方面展开（见图1-5）。

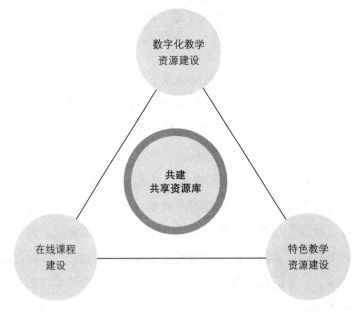

图1-5　149教育联盟教学资源实践框架

---

① 王永固，聂瑕，王会军，等."互联网＋"名师工作室促进乡村教师专业发展：机制与策略[J].中国电化教育，2020（10）：106-114.

（1）数字化教学资源建设。按照同步规划、同步建设、同步运营的原则，打造跨校区智慧教育共享平台，实现多终端、多系统的访问接入，将远程教研、集体备课、师徒对接、教师工作坊的全过程资源进行整合，通过优质学科教案、课件、试题、教学录像、微课等数字化教学资源的协同共享，教师可以将共享的跨校资源进行课前备课、课中上课、课后作业使用，更好地服务教学的全过程。从学生的角度看，跨校资源不仅保存个人课程和学业信息，更应保留在校期间全生命周期的完整数据，包括学生课程信息、电子档案、电子书包等。从跨区域学校管理者的角度看，将整合各年级、各学科的全生态数字资源，丰富平台资源内容，提升数据和资源的质量，形成一套跨区域的教学资源共建资源库。

（2）在线课程建设。校区间学生可以互选各学校的优质在线课程，从而极大地丰富了校区之间的课程内容，拓宽了课程的边界。教育联盟各学校的创客教室、互动教室、录播教室等优质硬件资源形成了校区间的在线选修课程互动模式，实现校区之间同步在线互动授课和课程互动共享。其中，自动录播教室在智慧教育平台内完成同步课堂的观摩；互访直播录播教室系统实现跨区域在线听课、课例观摩、选修课程等活动的开展。良好的硬件条件和技术手段为跨区域学生相互选修对方学校的校本课程提供了可能。

（3）特色教学资源建设。根据"成都市教育局关于进一步深化区域教育联盟发展的意见"的要求，积极推动资源共享和区域合作，促进研学旅行共建共享，充分挖掘联盟各方的校外教育资源。依托学校自身发展特色和学科特色，建设具有本校区优势的特色活动教室与特色学科实验室，校区间联合建设一批育人效果突出的研学旅行活动课程，开发一系列促进学生深度学习的活动项目，组织校区之间教师、学生的研学交流，共同打造一条全域性联动、学生受益面广泛的融合发展之路。

四、149教育联盟智慧教育生态的实践启迪

随着物联网、云计算、大数据、5G网络等智慧化信息技术在教育领域的逐步渗透，教育生态和运作模式正在发生改变。我们通过构建基于深度学习的149教育联盟体系和基于深度学习的教育改革操作范式，能够在一定程度上指导我国教育联盟的发展。随着全面落实教育联盟的建设与规定，全国各地相应践行与实

施的浪潮正在酝酿和发展。但是，从目前的实施情况来看，仍有几个亟待解决的关键问题，主要包括以下五个方面。

（1）教育联盟教育环境建设无法实现无缝衔接，社区、学校、博物馆、图书馆等仍然无法实现互联互通。

（2）教育联盟的行业标准仍未确定，在未来教育现代化建设中，较难落实我国未来智慧教育的产业化发展。

（3）教育联盟的业务发展还不够全面，教学评价、教学管理、教学业务的智慧化改革与提升还处于开发阶段。

（4）教育联盟教师培育还不够满足教学需求，部分教师仍较难创设一个具有智慧化、个性化、沉浸式的教学环境。

（5）教育联盟优质教育资源的开发还不够智能化，如何实现教育资源的智能推送、动态汇聚、有序进化与自适应呈现，仍旧是未来教育联盟建设需要重点研究的问题。

第二章

基于深度学习的跨区域智慧教育理论构建

目前深度学习已成为教育研究与实践的新增长点，近期有许多相关的文献研究。深度学习主张促进学习者在生理、心理、认知三方面的协同发展，是集脑科学、心理学、教育学、信息技术等于一体的跨学科研究与应用领域。由于深度学习拥有的特性与跨区域智慧教育的理念相协调，所以其成为贯穿整个跨区域联盟的教学指导理论，基于深度学习的各项工作也是各校主要的实践对象和目标。本章将简略介绍深度学习理论，然后以深度学习理论为基础，进行跨区域智慧教育的理论构建。

第一节　深度学习的理论概述

建构主义理论和情景认知理论是目前被积极倡导的认知指导方法。建构主义理论强调学习的积极主动性，强调学习是累积和逐步认知的过程，强调学习者认知结构的变化，强调通过反思的形式对学习过程与策略进行诊断与矫正。情景认知理论认为知识具有情景性、生成性、分布性及条件性等特征，学习者只有通过参与真实情景中的活动并用所获得的知识来解决实际问题，才能建构意义并能够真正地掌握。这些理论与深度学习的本质要求具有一致性，本节阐释了深度学习的内涵、过程、支持要件等核心概念。

一、深度学习的内涵

（一）深度学习的定义

对于深度学习的定义，我们的理解是：深度学习中的学习者具有主动性、积极性、批判性和建构性等特征，深度学习关注情境迁移、问题解决和创新，深度学习过程中学习者具有良好的情感体验，深度学习是基于个性的社会化过程。

（二）深度学习的品质

基于上述内容，深度学习的品质可从三个层面理解：从学习者个体来看，体现为学习者个体的学业成绩、认知结构和思维方法等；从学习者群体来看，体现为学习者群体的交互关系、活动方式和人际结构等；从深度学习系统来看，体现为学习活动、学习内容、学习系统的运行机制与运行方式，表现为个体在其所构成的群体中交互、冲突、适应并发展的状态流。综上所述，深度学习的品质不是对深度学习过程属性的客观描述，而是体现了一种动态的关系结构，具有自主性、实践性、生成性和创造性等特征。

二、深度学习的过程

（一）深度学习的主体

深度学习集中体现为以学习者为中心。实践中需要对学习者认知偏差、学习风格等个体属性特征进行诊断，同时要培养学习者学习的能动性。在深度学习中，教师应深入理解学习者认知过程，精心选择、重构与设计教学内容，深度参与学习活动。

（二）深度学习的客体

根据深度学习的认知要求，要在提高学习者学业成绩的基础上，改善学习绩效，促进学习者深度理解、解决问题、批判创新等思维的发展。

学习者应学习教师重构后的"4S"学习内容，即依据21世纪素养领域和深度学习的素养维度准确设计教学单元的学习材料：学科知识（Subject knowledge, SK）、认知策略（Strategies to knowledge, KS）、社会技能（Social skills, SS）和认知结构（Cognitive structure, CS）。教师首先应熟练掌握学科知识和教材，其次依据下文所述"S-ACIG"深度学习过程模型，对学习资源进行表征。

（三）"S-ACIG"深度学习的过程

"S-ACIG"深度学习中的"S"表示图式构建，即从头到尾的认知过程，

"A"表示觉知，"C"表示调和，"I"表示归纳，"G"表示迁移，表示了这个过程的4个阶段。深度学习的过程可以从六个方面进行阐释。

（1）认知过程即是图式构建的全过程，每个阶段指向不同的学习内容、学习方式和资源表征形式，具有不同的功能。

（2）觉知阶段是学习的入口，即学习者通过个性化-合作学习（Personalized-Cooperative Learning，PCL）方式，参与、感知、体验和理解学习内容的过程。在这一阶段，主要学习"4S"内容中的"SK"内容，采用集体传递、个性化学习方式，应用知识呈现、课件演示、内容类比等形式的数字化学习资源，强调陈述性知识的记忆与理解。

（3）调和阶段主要在内化的基础上进行，学习者在这一阶段会产生多种理解、疑惑甚至误解，需要对多种认知进行选择、重组和反思，进而开始构建自己的认知结构。在这一阶段，为了保证选择、重组和反思等认知环节的有效性，采用组内外交互的学习方式；而为了保证这一方式的顺利进行，主要学习"SK""KS""SS"内容，其中以"SK"为载体，促进学习者协作、讨论、批判等深度学习品质的主动构建与发展；其中资源主要采用辐射式交互（radiation interaction）表征，促进学习者在锚定式教学为中心的基础上有效地开展讨论、头脑风暴、情境表演等活动。

（4）归纳阶段主要对调和阶段逐渐统一的认知进行反思和整理。这一阶段具有两项功能：一是形成合理的认知结构，二是在科学认知结构基础上，融合和选择不同的策略去解决同一问题，从而形成最优路径，为达到"自动化"做准备。因此，其学习内容主要是"CS"，帮助学习者开始有意识地构建认知结构，采用聚合式交互（aggregation interaction）资源。

（5）迁移阶段逐渐形成稳定的图式，并能迁移到不同的情境和问题的解决中，同时在这一过程中，也会不断地修正和改良已有图式。这一阶段的资源主要是提供问题情境（problem situation），学习者通过综合应用的方式，进行变式（variation）训练，从而提高解决问题的能力，进而培养设计和创造性思维。

（6）认知的四个阶段除了按照正常的顺序进行，也可以根据学习者个体学习诊断和反馈情况，由较后的阶段返回和循环。这也体现了个性化-合作式学习方式的优越性和可操作性。

三、深度学习的支持要件

（一）大数据环境

随着智能学习终端的发展和大数据、学习分析技术的兴起，研究者开始关注个性化学习，即依据学习者个体或群簇的认知起点、学习兴趣和学习风格等个体因素，创建智慧学习环境，设计学习活动。

教育数据分析是建立在教育大数据平台的基础上。教育大数据平台的功能之一就是供各类学习者学习并记录数据。通过教育数据分析，老师可以了解学生的学习进展状况，发现其学习兴趣点及学习难点，提供更加个性化的资源分享，巩固知识点。教育数据分析使教和学更加智慧、更加有效。

（二）共同体活动

重构后的深度学习实际课堂操作，需要建立共同体。在学校情境中，教师与团队成员构成教师共同体，通过教师个人的领悟、反思以及团队的头脑风暴和审议，形成领悟课程所对应的设计文本，该文本由学科知识（SK）、认知策略（KS）、社会技能（SS）和认知结构（CS）组成。教师和学生构成教学共同体，通过个性化-合作学习（PCL）方式，实施运作课程。学习者个体组成学习共同体，实现个体与小组的共生与发展。

第二节　深度学习下的智慧教育目标

深度学习并非只是认知层面的理论。其本质要求是学习者可以胜任21世纪工作和生活必须具备的能力，这些能力可以让学习者灵活地掌握和理解学科知识以及应用这些知识去解决课堂和未来工作中的问题。这些所需要的能力分为三个领域：认知领域，包括掌握核心学科知识、批判性思维和复杂问题的解决；人际领域，包括团队协作、有效沟通；自我领域，包括学会学习、学习毅力。这些要求与跨区域智慧教育实践的具体结合，形成了这个框架下的教育目标。

一、深度学习下的智慧教育参与者

（一）深度学习的学习者

1. 学习者对深度学习的认知要求

随着高考评价体系的出台，学习不再仅仅是为了考试，更多的是为了解决实际问题，因此需要进行深度学习。那么，什么是深度学习呢？

郭华在《深度学习及其意义》一文中指出，深度学习必须满足几个要点：深度学习是教学中的学生学习，而不是一般的学习者的自学，必须有教师的引导和帮助；深度学习的内容也许会挑战人类已有的认识成果；深度学习是学生感知、思维、情感、意志、价值观全面参与、全身心投入的活动；深度学习的目的指向具体的、社会的人的全面发展，是形成学生核心素养的基本途径。[①]

郭华把深度学习的主体、环境、对象、活动、目的做了准确的概括，也使我们认识到深度学习就是对学科知识、学科策略、学科价值并重的学习，是专门获得学科核心素养的学习。总之，深度学习就是指在教师的引领下，学生围绕具有挑战性的学习主题全身心参与、体验成功、获得发展的学习过程。在这个过程中，学生掌握学科的核心知识，理解学习的过程，把握学科的本质及思想方法，形成积极的内在学习动机、正确的价值观，成为既具独立性、批判性、创造性又有合作精神、基础扎实的优秀学习者。[②]

深度学习具有以下特点。

（1）联想与想象。

这是深度学习过程中不可缺少的环节。深度学习是为了解决问题而进行的学习，那么问题所涉及的相关知识、能力、情境、结构等都需要学习者展开联想甚至想象，将其提取或展示出来。所以说缺少了联想与想象的能力，就不可能有深度学习。

（2）活动与体验。

杜威提出"要在做中学"，指的就是在"活动与体验"的过程中学习。深度

---

① 郭华.深度学习及其意义[J].课程·教材·教法，2016（11）.
② 郭华.深度学习及其意义[J].课程·教材·教法，2016（11）.

学习不是死记硬背一些知识、机械重复一些操作环节，而是在解决问题的各种活动中去体验和总结应该具备哪些知识和能力，应该怎样思考，应该采取什么策略去化解遇到的难题等。

（3）提炼与变换。

学生进行深度学习后，应该对自己的体验进行提炼、升华，逐渐建构起自己解决问题的知识体系、能力框架和思维方法，并具有一定的变通性。

（4）迁移与应用。

迁移与应用就是检验、完善和巩固已经形成的解决问题的知识体系、能力框架和思维方法。换句话说，就是学生对自己已经形成的解决问题的认知结构的评价。

（5）价值与评价。

深度学习要对所要解决的问题及其过程、方法进行价值评价，看看能否有利于培养人的社会活动，是否有利于人的健康成长，对形成正确的世界观、人生观、价值观是否有帮助。

2. 学习者的情感要求

传统的课堂评价体系侧重于学业水平，显得单一化、扁平化和绝对化[1]，不利于学生个性化发展，不符合因材施教的教育理念。而智慧课堂评价体系更强调综合素养，包含学生思维力、操作力、创新力和价值观等。它需要解决培养什么人、如何培养人的问题，核心在于人。人的情感和意志必然是绕不过的诉求，人的全面发展符合时代发展的需要。

3. 学习者的社交要求

智慧教育生态下的多元教学模式突破了传统的教学模式[2]，也改变着学生传统的学习方式。因此，学生不得不提升自己的新型学习力，如适应"线上线下"结合的教学模式和走班走校并行的选学教育模式。

线上线下结合的教学模式，即指信息化教学和传统教学模式的结合。随着5G和AI等新技术的广泛应用，学习时空、学习资源和学习方式等都打破了传统

---

① 王蓝艺，刘静，梁沙. 深度学习视域下智慧课堂与学生素养的关系探究[J]. 教育科学论坛，2021（5）：30-34.
② 沈进宇. 智慧教育生态培育的要素把握[J]. 教育科学论坛，2021（5）：15-21.

方式的局限，呈现出一种泛在化的趋势。因此，要提升学习效率，学生应该做好适应线上线下无缝衔接的教育学习模式的准备。在学校里，有传统的教师授课模式，师生在课堂上共同解决问题；在学校外，则可接受线上教学模式，针对疑难进行个人答疑。例如，在2020年的新冠疫情期间，学校停课不停学，当传统的学习模式无法正常开展时，全面推行的线上教学对学生的线上学习能力提出了挑战。而复工复学之后，学生又将面临从线上学习切换到线下学习的模式。这个转换的过程需要学生自主转换学习方式。因此，新时代对学生的学习能力提出了更高的要求。

而所谓走班即打破了以往传统班级授课学习模式，采用选课走班制。走校则是在选课走班制的启发下，智慧教育联盟研发的选课走校制。这两种新的教学模式进一步打破了传统固化的教育学习模式，给学生提供了更多元的选择，但也在挑战学生的适应能力和在新环境新模式下的学习能力。新的高考制度转变了以往的选拔评价体系，为学生提供了更多的可能性。走班走校选学并行的模式有助于帮助学生发现自己的兴趣特长，培养自己的选择意识，进而全面提升能力。

（二）深度学习的教育者

1. 教育者的教育理念

（1）教师的教育理念发展与变革是智慧教育生态培育过程中至关重要的一个要素。[①] 作为教育活动的实施者和引导者，如何展开有效的课程教学，如何激发学生的学习动力和思维创造力，如何创新自己的教学模式，这些都是一线教师应不断思考的问题。为此，我们进行相关的专题研修，将有助于一线教师探究出创新的教学模式。

深度学习的课堂模式专题研修包括理论层面的研修和实践层面的打磨。正如149跨区域教育联盟学校对深度学习课堂模式的研修，首先是各联盟学校选派学习者跟随西南大学深度学习专家研究团队学习理论知识，再在专家的指导下进行深度学习的课堂实践，从而逐步创新教学模式，从理论到实践逐渐提升一线教师的专业能力。

---

① 沈进宇.智慧教育生态培育的要素把握[J].教育科学论坛，2021（5）：15-21.

此评价体系中，对学习者的情感要求是对教师评价的隐性标准[①]，它包括师德师风、教学业务水平和思维深广度等，能让教师主动自我反省、提升，从而实现师生双向成长。

（2）树立精确化数据分析的教学理念。开展提升数据素养的相关培训，充分利用信息化数据的分析模型，促使教师由传统的经验主义向数据主义过渡。正如余胜泉教授所说："未来，教师的数据素养将成为区域教育质量改进的关键所在。"[②]就当下中高考改革所带来的挑战来说，如何帮助学生发现自己的兴趣特长，如何培养学生的选择意识和能力，是一线教师所面临的棘手问题。仅凭借以往的中高考应对经验已经难以解决这些问题，而大数据分析的教学理念则为这些现实问题提供了较为精确的解决思路。所以，树立精确化数据分析的教学理念也为教师专业力的再次提升提供了新的途径。

2. 教育者的教学理念

明确技术与教学知识融合的理念在信息化技术的推动下，教师还"需要穿梭于技术、教学和知识之中，把握在不同的教学情境中三者相互作用、相互变换的内在机制和原理"[③]，这就要求教师不仅要掌握技术、教学与学科内容，更应该掌握在特定情境之下三者之间的融合。所以，教师突破陈旧教学理念的第一步是要意识到：新时代必须不断提升自己知识整合的能力。当技术介入教学中并冲击传统的教育模式时，教师需要恰当地把握技术与学科教学知识之间的有机关系，以适应现代化教育教学的需要。

3. 教育者的教学支持

所谓信息化的翻转课堂[④]则是指对特定的教学环节，利用各种软硬件，充分发挥信息技术的可视性、互动性、模拟性、即时性、共享性、自动化、网络化、数据化和精准化等特点，打造信息化的翻转课堂，以提升教学效率。打造信息化

---

① 王蓝艺，刘静，梁沙.深度学习视域下智慧课堂与学生素养的关系探究[J].教育科学论坛，2021（5）：30-34.
② 余胜泉，李晓庆.基于大数据的区域教育质量分析与改进研究[J].电化教育研究，2017（7）：5-12.
③ 胡航，杨旸.促进深度学习的教学：主体、价值与技术的统一[J].上海教育，2020（12）：22-23.
④ 沈进宇.智慧教育生态培育的要素把握[J].教育科学论坛，2021（5）：15-21.

的翻转课堂需要教师自主选择教学平台，并熟悉该平台提供的各种为教学服务的功能，在此基础上才能够灵活充分地运用信息技术为课堂教学服务，比如，预习要求的发布、课堂中的互动、课后的作业发布与批改和相应的拓展链接等技术功能。为此，149跨区域教育联盟学校进行了交互式微课制作与研发的专题研修，以及后期将实行的跨校选修课、多校联合学科理论探索、学科节在线活动等，这些都是信息化翻转课堂模式中的一个研修小分支。

（三）深度学习的管理者

1. 管理者的认识水平

深度学习的管理者包括两个维度，一个是课程层面的管理者，另一个是教学层面的管理者。

深度学习需要从课程的角度，统一编制学校课程纲要、学科课程纲要、学年课程纲要和学期课程纲要，这一系列的纲要都需要学校教务处、学科组、备课组根据校情、学情编写，以此来实现国家课程的校本化。然而，现在有部分学校并未做到这一点，究其原因主要是课程层面的管理者对深度学习认识不到位，只是片面地进行应试教育，并未深刻理解学校立德树人的教育目的。

深度学习还需要从教学的角度来设计学习活动和评价任务，结合现代教育信息技术，改革课堂教学。教师是深度学习课堂的天然管理者，这就需要一线教师深入理解深度学习的内涵、价值与意义，以及深度学习的各个环节和操作模式，按照深度学习的要求组织课堂教学，借助现代教育信息技术来创造条件，满足深度学习的要求。然而，部分教师对现代教育信息技术并未达到深度学习所需要的程度，对深度学习也是一知半解，甚至有的教师受传统教学思维的影响拒绝深度学习课堂。

149跨区域教育联盟意识到深度学习管理者的认识局限，通过建立智慧教育生态联盟，以"三师"融合发展的形式，帮助各校提升对深度学习的认识，促进教师对深度学习的理解，以深度学习的方式开展深度学习培训，以提升深度学习管理者的认识水平和操作能力，获得了较好的效果。

2. 管理者的实践水平

（1）执行管理水平。智慧校园是大数据时代的新产物，需要不断地实践和探索，更需要在建设和运用过程中不断地完善各项制度。[①]管理者是学校整体智慧管理的设计者，要有整体上的谋划，要通过建立相应的管理制度和体系来推动智慧校园的发展。

学校在使用智慧平台之前，管理流程采用的是单一化流程，工作一级一级地传达，一层一层地落实，这样的管理最大的弊端是时效性低，信息在传输过程中容易出现误差。以学校开展的教职工考评为例，按传统的方式，考核需要一周的时间才能完成，基于智慧化平台管理的同一项工作，只需要两天的时间就能全部完成，且误差率极低。管理者能否直接参与和应用智慧校园平台，能否坚决执行智慧校园管理体系关系着智慧管理的落地生根。由上而下的践行才是智慧管理的根本所在。

（2）创新调整水平。各个学校要根据本地区、本学校的特色和需要做出自己的特色，不能千篇一律，照搬照抄。学校改变传统的金字塔式管理，运用智慧校园平台，实现管理的扁平化，通过办公室系统减少中间的管理环节，扩大信息沟通的范围和提高速度，拉近管理者与被管理者的距离，更好地实现以人为本的民主管理，构建现代管理体系。通过对平台的设计→运用→检测→改进的路径，达到了降低管理成本、提高管理效率的目的。

二、深度学习下的智慧教育组织形式

（一）深度学习下的智慧教育信息化构建

教育信息化已成为教育现代化的重要标志[②]，它是我国实现教育现代化、建成教育强国的必由之路。2019年2月，中共中央、国务院印发了《中国教育现代化2035》，要求"充分利用现代信息技术，丰富并创新课程形式"，智慧教育便在此背景下诞生。实现智慧教育，意味着重构教育观和教育教学结构，利用信息化、智能化的手段激发现代课堂的生命活力，最终帮助学生形成能适应社会发展

---

① 王成勇. 催生智慧教育生态培育的学校管理智慧[J]. 教育科学论坛，2021（5）：35-37.

② 王蓝艺，刘静，梁沙. 深度学习视域下智慧课堂与学生素养的关系探究[J]. 教育科学论坛，2021（5）：30-34.

和终身发展需要的必备品格和关键能力，成为知识、技能、能力、品性均衡发展的智慧人才。而在基础教育领域，智慧人才的培养正不断地融入各个学科的核心素养培育之中。因此，教育工作者应不断探索在基础教育学科教学中如何有效利用现代化信息技术手段以构建智慧型课堂，培养学生学科素养、信息素养，从而满足学生今后进一步发展的需求。为此，我们需要进一步厘清智慧教育课堂、信息素养、学科素养的共生关系。

智慧课堂以崭新的智慧教育理念为指导，是对翻转课堂的重塑和升级，是信息技术与教育深度融合而产生的新型课堂模式，其技术的核心是动态学习下的数据分析和互联网技术的运用。智慧课堂运用云、网、端的服务模式，通过教室各种终端设备的无缝连接和智能化部署信息平台，改变了传统黑板、讲台的空间模式，形成了富有智慧和生机的学习环境。

智慧课堂教学的开展，要求学生具有一定的信息技术知识，能熟练查阅网络信息资源，筛选比对海量信息，从中挑选出符合课程要求和自我需要的课题资源或项目学习资源，并熟练使用基本工具将所得资源整合，再内化为知识与技能。学生在信息的获取与筛选中可建立良好的认知网络，逐步培养出适应个人及社会发展的信息素养。

然而，智慧课堂的最终落脚点仍然是课程本身。基础教育阶段，利用智慧课堂，教师与学生可深入开展多种交互式教与学模式。教师以学科核心素养为主线，明确教学目标，精细化教学设计，依托智慧课堂开展教学，引导学生合作探索，完成知识的建构。此过程中学生的自主学习能力、学科素养都会得到一定程度的提升。

综上所述，在教育这个生态系统中，智慧课堂以学生信息素养和学科素养的提升为核心目标，利用信息化技术手段，进行基础学科教与学课堂新模式的尝试，最终目标是把学生培养成集价值观、行动、思维、创造为一体，知识、技能、能力、品性均衡发展的智慧人才。此模式以智慧课堂为载体，学生的学科素养与信息素养相互融合、相互补充。在二者共同提升的过程中体现了智慧课堂的价值追求，促进智慧课堂教育正向发展，最终实现三者的共同发展。

（二）深度学习下的智慧教育课堂构建

1. 课堂教学目标

为了保证教学的正常开展，教师需要对学生学情及心理期待、教材和教学内容（教学重难点）、教学环境和资源等进行前期分析，教师在充分了解学生真实学情的基础上，确定课堂教学目标，根据课堂教学目标制订教学计划，设计课程教学内容及呈现方式，为智慧课堂的开展做好铺垫。

此阶段重点在于课堂教学目标的确定。基于深度学习的课堂教学目标不同于新课程标准教学目标（知识与技能、过程与方法、情感与价值观），它侧重于课程教学的广度与深度，精准指向学生深度思考意识的培养，提升其理解、反思、批判能力，更聚焦、更立体。

结合智慧课堂的理论与实践，我们将智慧课堂的教学目标设定为知识习得、能力培养和智慧发展三个层次，三个层次的目标既彼此独立又相互联系，具有层级性、完整性。

2. 课堂活动组织

课堂活动组织主要包括课前线上教学、课中线下教学和课后线上、线下巩固反思学习三个阶段。

（1）课前线上教学阶段。本阶段师生应明确学习目标，包括知识技能与综合素养。通过在线教学平台，教师选取网络教学资源（如同步训练资料、拓展资料、音视频资源等），供学生自主化学习；学生通过学习在线资源，建立基本的思维框架、知识体系，完成知识储备。

（2）课中线下教学阶段。作为学生学科素养培养的重要阶段，教师需围绕教学重难点，注重群体指导和个体辅导，由浅入深，逐步引导学生从输入式学习过渡到探究式学习；学生作为教学活动的主要参与者，在教师的指导下，积极思考，主动参与合作探究、个性化学习，强化深度学习意识等。具体教学实施可分为知识建构阶段和知识迁移与创造阶段。

知识建构阶段是指在已有的学情下，教师设计层级问题，囊括复习前知、激活新知，串联知识，形成体系，再举一反三、拓展延伸等，重思考与评价，帮助学生完成对知识系统的建构。根据问题设计目的和难易程度，鼓励学生理解式学习、反思式学习、合作探究式学习，将个人的智慧、集体的智慧内化为知识经验的习得，再通过课堂练习的方式检验效果，提炼跟进。

知识迁移与创造阶段重在对知识的深度加工。知识迁移的重点在于在已形成的知识体系上嫁接新的具有关联性的知识情景，关注学生在此情景中独立解决问题、融会贯通的能力，关注学生在解决问题过程中的思维力提升，关注学生进一步领悟和思考后，更新自己原有的知识体系，并构建出新的知识体系，加深对新知识的把握和理解，创造出新的成果，实现知识的传承与创新。

（3）课后线上、线下巩固反思阶段。本阶段主要是检验及巩固学生学习效果。通过任务群学习，学生独立思考，认真完成项目作业，强化训练，针对检验；同时，学生也可以通过查阅相关资料或者与同伴交流、研讨，促进深入思考，提升学习实效。而教师则可根据训练完成度、线上问卷调查等，评估学生学习效果和教学效果，调整完善教学设计；学生根据教师的反馈建议，查漏补缺，汲取经验。

3. 课堂教学评价

评价是教学反馈的重要形式，是检验教学效果的重要手段，可分为过程性、结果性和个性化评价。过程评价主要聚焦于学生在学习过程中的问题意识、自主学习意识及合作交流表现等方面，侧重学生的智能发展；结果评价采用"KUDB"分析法，分别从"Know"（知道什么）、"Understand"（理解到什么）、"Do"（能做出什么）、"Be"（希望成为什么）四个维度，对学生学科核心素养、信息素养的达成情况进行系统评价；个性化评价则侧重于呈现学生在深度学习过程中凸显的个性张力、渐进的思维层次、正确的价值观。三种评价交织进行，形成一套全面的评价机制。

（三）深度学习下的智慧教育管理构建

1. 思想政治建设

党建联动，我们是指在149教育联盟这个生态系统内开展党建联动，以带动联盟体内学校的党建工作。[①] 党建联动的路径和范围如下：一是校内党建联动；

---

① 张忠祥. 智慧教育生态下的学校党建联动策略[J]. 教育科学论坛，2021（5）：75-77.

二是跨区域党建联动；三是建设教育发展生态圈，就是学校与学校之间通过党建联动形成一个资源共享的生态圈。

（1）党建联动凝聚向心力。联盟体各校共同参与，资源共享，互联互动，为智慧教育生态培育和办学质量的整体提升合力作为。

（2）党建联动扩大朋友圈。跨区跨校形成联盟生态，实现组织机构优化、服务功能最大化，更有效地发挥党组织的先锋模范作用，扩大朋友圈，提高服务质量和效能。

（3）党建联动搭建连心桥。党建工作利用智慧教育平台有序进行，通过服务方式的优化和效能提升，搭建以联盟党组织为核心，促进党员与非党员群众的相互理解、情感沟通、团结合作的连心桥。

（4）党建联动结织信息链。当新冠疫情暴发后，学校党组织带领广大党员教师坚定地扛起抗疫的责任，按照党委、支部、年级三级党建联动的要求，实行学校党委包抓，各个党支部主责，六个年级落实的方式，把上级组织的一条条措施、一项项指令发送到每一位教职工和学生的手机上，再通过年级收集反馈信息层层上传到学校党委，形成一条畅通的、严密的疫情防控链条。

2. 教学建设

借助当下的网络培训环境，有效的培训模式主要有主题式培训、故事交流、培训沙龙、案例式培训、小组协作学习模式、探究学习培训模式等。[①]如在案例分析培训中，教师可以根据自己的教学实际，结合理论展开研究，由教师控制主题发展，培训过程中产生问题的时候，参培者有机会探讨该问题的意义，培训者可以引导参培者说出他们想说的话，并进行有针对性的反馈，参培者也更多更好地拥有了展示的平台。通过丰富校本培训模式，开展协同育人，以探索"三生"（生动、生机、生成）智慧教育的价值目标为引领，将"要我学"变为"我要学"，让教师真正成为教学资源的创建者与推送者、教学过程的设计者与应用者、教学效果的评价者与改革者，教学研究的探索者和践行者。

① 赵泽高，余永聪. 智慧教育实践的现实困境与突围[J]. 教育科学论坛，2021（5）：22-25.

第三节　深度学习下的智慧教育策略

基于深度学习的智慧教育目标是否达成以及达成的效果,依赖于所实践的途径方法。针对不同地区、不同学校、不同学生等具体情况,其实践途径设计需要进行调整。同时,为实施和保障教育教学活动,也要配备各种资源并对其进行对应的管理和利用。为了在联动过程中扬长避短,达到提高效率的目的,各部门应统筹规划,形成及完善具体的实施策略。

一、深度学习下的基础建设策略

(一)信息化策略

1. 信息化环境

现代信息化教学环境,首先,信息化教学硬件设施是取基础的[①],包括智慧教学专用设备、智慧教学专用教室等。其次,还需要建立或引进专门的技术支持、维护团队,以保证设备的正常使用和维护。最后,技术支持服务保障制度也是必不可少的。例如,后续维护的经费保障、业务维护的长效机制等。"随着社会信息化的不断推进,学校的教学环境已不能适应'数字一代'学生的培养,构建新型的学校信息化环境已经成为'数字一代'学生的普遍诉求。"[②]为满足学生这一普遍需求,各个联盟学校有必要重视并加快智慧校园的建设,创设智慧教学环境。

2. 信息化资源

"互联网+"时代,智慧课堂构建的关键是利用大数据、云计算、物联网和移动互联网等新一代信息技术去打造信息化、智能化的课堂,形成支持智慧教学的课堂环境,进而实现智慧高效课堂。[③]要实现信息技术与学科教学的融合,需要整合与协调智慧课堂内各要素,利用线上智慧学习平台和线下传统教学资源,

---

① 沈进宇. 智慧教育生态培育的要素把握[J]. 教育科学论坛, 2021(5): 15-21.
② 黄荣怀, 胡永斌. 信息化领导力与学校信息化建设[J]. 开放教育研究, 2012, 18(5): 11-17.
③ 赵泽高, 余永聪. 智慧教育实践的现实困境与突围[J]. 教育科学论坛, 2021(5): 22-25.

融入"真实、情感、思考"的复合式教学情境，加强教师端和学生端的交流互动，培养学生发现问题、分析问题和解决问题的能力，促进学生深度体验，提升学生信息素养和学科素养。例如，学生利用云课堂完成课前学习任务，就疑难点与教师进行直接的交互式课堂对话，通过统计与分析班级常规数据对标学科薄弱点，为后期的改进指明方向。这需要考虑以下几个方面。[①]

（1）实物资源。149教育联盟学校都独立建立了各自的数字化教学资源库，其中包含按学科分类的课件、教案、试题、优秀课例的上课视频及图像、图形、动画、音频、视频等学科素材。除教学资源库外，各个学校在每个教室、会议室等场所均配备有电脑、摄像头、投影仪等多媒体设备，为数字化教学资源的使用提供了设备支持。

（2）人力资源。149教育联盟学校以教研组为单位，在每个教研组内确定六人左右（每个年级两人左右）的主研人员，定期提供各年级各学科的课件、试题、优质课例视频等数字化教学资源。同时，各学科还配备了一名管理人员，对各学科的教学资源进行审查，上传新资源，删除使用率低或无使用价值的陈旧资源，为数字化教学资源库的及时更新提供技术保障。

（3）平台资源。149教育联盟创建了一个共享平台，联盟的各学校可以共享教学资源库的全部教学资源。教师可上传、下载资源库的所有资源。学生可在线观看微课、优秀课例的视频及其他可供学生自主学习的资源内容。可提供教师与教师、教师与学生、教师与家长间的互动交流。交流内容除文字外，可提供图片、语音、视频的上传，使交流方便、准确、快捷。

（二）智慧化区域协同策略

推进跨区域教育联盟中各个学校智慧化的协同合作。[②]"联盟是指两个或两个以上相对独立的集体为了自身发展的需要以签订正式合约的形式建立的集团。"[③] 在149跨区域教育联盟这个团体中容纳了四个区域的九所学校，为了保

① 邓玉，程军安.智慧教育生态培育的数字化教学资源联动建设[J].教育科学论坛，2021（2）：41-43.
② 沈进宇.智慧教育生态培育的要素把握[J].教育科学论坛，2021（5）：15-21.
③ 陈剑泉.高效联动：多措并举，克难攻关[J].教育科学论坛，2019（23）：50-52.

证联盟团体实现智慧化的协同发展，则需要逐步完善目标、制度、平台、第三方督导等方面的设置。

1. 需要制定一个共同的导向目标

这是整个智慧教育生态教育联盟开展实践的总纲领，也是各个联盟学校统一协作的出发点。这一共同的导向目标既要体现教育联盟的优势，又要兼顾各个学校的长足发展。例如，149跨区域教育联盟就以"培育智慧教育生态，破解现代信息技术与教育教学深度融合和时间难题，以教育信息化促进现代化办学和学校高品质发展"为共同的导向目标。

2. 基本的保障制度

基本的保障制度需要各个联盟学校成立相应的办公室、研究室和督导室，如此才能保障教育联盟学校的各项工作常态化开展。

3. 数字化共享平台

数字化共享平台的建设极为重要，"通过开通跨校资源访问，教师可以使用、分享跨校资源库里面的资源进行课前备课、课中上课、课后作业布置，更好地服务于教学的全过程"[①]。联盟学校可借助微信、企业微信、QQ等数字平台搭建共享平台分享经验，交流问题。

4. 开展第三方督导

引入市教科院专家、教育局管理人员、研培中心人员等作为整个智慧教育生态联盟工作开展的第三方督导，且评估教育联盟的实际效果和价值。

（三）教学模式化策略

1. 教学思维

基于深度学习的智慧课堂是"以学生为主体"的集中体现[②]，教学情景的设计、教学流程的推进、教学过程的实施都是围绕学习者进行的。智慧教育生态联盟学校需要共同主持开发一系列与现代信息化教育改革、新高考导向相匹配，且满足当代学生求知需求的新型课程。而这就要求加强对学生思维、兴趣、学习基

---

① 徐天福. 借力两校联动，构建课程特色[J]. 教育科学论坛，2019（23）：61-64.
② 王蓝艺，刘静，梁沙. 深度学习视域下智慧课堂与学生素养的关系探究[J]. 教育科学论坛，2021（2）：30-34.

础、行为习惯等的了解与认知，针对选择与重构教学内容，设计符合学生学情的教学思路和问题线索，由易到难，层层深入，以问题主线串联整个教学过程，以点拨的方式激发学生的问题意识，调动学生的思维，引导学生用思辨的眼光看待问题，批判反思，最终实现学生的深入认识、思考、迁移、创造四环节的螺旋上升。我们应深刻地认识到：只有引导学生走向深度学习，才能提升学生的思维能力。因此，智慧课堂需坚持以学生为学习主体，教师为设计者、引导者，为学生提供信息环境和信息支持，创设合理的活动情境，从而促使学生主动参与教学活动，完善知识体系，提高自身的学习迁移与创新能力。

2. 教学设计

在智慧课堂教学中，信息技术与学科教学需实现融合，学生学科素养、信息素养需得到提升，实践操作能力、高阶思维能力需进一步发展，这就要求教师改变传统教学设计模式，分阶段重构与智慧课堂相适应的教学设计，可分为三个阶段。

（1）前期准备阶段。鉴于学情，完善智慧课堂的教学目标设计，前文将智慧课堂的教学目标设定为知识习得、能力培养和智慧发展三个层次。其中，知识习得目标可按照布鲁姆的目标分类详细列举其浅表目标与深层目标，以符合学生的认知规律。但在智慧课堂中，教师还需注重课堂的生成性，既不脱离教学目标，又摆脱预设目标的限制，培养学生学习的积极性。

（2）教-学活动组织阶段。在教学目标的指引下，教师在进行学习内容设计时，需深入钻研教材，厘清知识点之间的联系，寻求文本主题，遵循从"点—联结—结构—变式"的深度发生机制，完成预习、教学和复习内容设计；按照智慧课堂教学模式进行结构化组织、模块化架构和网络化呈现，实现从知识建构阶段到知识迁移创造阶段的过渡；再通过知识的巩固与反思，丰富学生的认知结构，提升学生的综合素养。在具体的智慧课堂学习活动开展过程中，教师应全面关注学生学科能力和学科素养的教学，突出学生主体地位，突出活动性和实践性，尤其是通过导学案、微课、自主学习等形式进行前置学习活动，通过知识应用探究和问题解决等形式进行课堂学习活动，以及其他实践形式的探究学习活动，从而让学生在经验生成的过程中实现知识、能力、情感、思想与价值的深度整合，实现课程学习活动由学科本位到育人本位的跃升，助力学生核心素养的发展。

（3）教学反思阶段。教育联盟中的名校将自己的课程研发设计经验与联盟中的其他学校进行分享，进行优势互补。与此同时，各个学校也应保持自身特色发展，尽可能发掘本校的特色课程，力求使这些课程设计成为各个学校的最优蓝本。

二、深度学习下的教师教育策略

（一）生态联动策略

1. 远程教研

为了落实教师实践共同体的发展[①]，打造跨区域远程教研平台，依托腾讯智慧教育云平台中的远程会议系统和智慧教室互动系统，开展跨区域、跨校区远程在线互动教研活动，可以学科教研组为单位，成立校区之间的教学研究小组，定期、定时利用视频会议系统进行共享教研。教研小组的教研形式不仅限于互动交流、讨论，还可以通过远程互动教室进行课件展示、课程模拟等，使远程教研活动进入常态化应用。

2. 远程集体备课

为了促进教育联盟各校、各学科教学内容的融合，我们在跨校区的教研组、学科之间进行集体备课，同时与组长和副组长校区单位强强联合，借助腾讯智慧教育云平台进行智慧课堂教学的网络优势条件，开展基于深度学习（D课堂）的集体备课。通过集体备课来展示学科教学内容时，还应充分利用智慧教室中的多媒体网络，开展基于创客教室、互动教室、录播教室的跨校区联合备课活动，打造基于智慧教室环境的新型备课方式。

3. 远程培训分享

智慧教师的培育，首先需要对教师进行系统的培训，即理念层面的培训、理论层面的培训和实践层面的培训。其次，保证教师能够把充分的时间和精力投入到信息化教学课堂中。减少智慧教师信息化教学以外的工作，以保证教师能够有

---

① 杨旸，胡航. "149教育联盟"的价值、经验与实践启迪[J]. 教育科学论坛，2021（2）：9-14.

充足的时间去准备高质量的课堂内容。培训完成后，各校教师进行成果和经验分享交流。

（二）共同体策略

建立"三师"融合的教师发展共同体。所谓"三师"融合即指学校联盟构建的名师工作室、教师工作坊、师徒结对三种促进教师专业成长和能力提升的教师研修团体。[①] 但三者的研究各有侧重，它们分别从理论、设计、实践方面推进教师在智慧教育时代的专业力变革与提升。

1. 名师工作室，理论引领

名师工作室的领衔人由该学科具有一定学术水平和学术影响力，且具有丰富的实践经验的教师担任。工作室领衔人从联盟学校中推选而出，然后各个学校推荐相应学科的工作室成员，最终人员由工作室领衔人确定。名师工作室组建完成之后，将在工作室领衔人的主持下定期召开研修活动、制订研修计划、确立研修主题、明确研修方向。名师工作室的所有研修活动均围绕教学模式革新与探究、教学理论实践与提炼等理论层面的问题展开。因此，名师工作室能够帮助教师在理论方面得到快速提升，并使教师得到一定的实践积累。

2. 教师工作坊，实践设计

教师工作坊在"三师"体系中主要负责实践层面的教学设计。教师工作坊同样由联盟学校推选出具有丰富教学经验的学科教师作为组织者，然后从各个学校招募同一学科的工作坊成员。教师工作坊的主要职能是根据名师工作室提出的相关教育教学理论进行教学案例设计。教师工作坊的成员需要将抽象的或有待验证的理论进行加工设计，用于解决教学中的实际问题。在加工设计的过程中，将促进工作坊教师对前沿理论的认识和对实践策略的明确，同时也将形成一系列共享资源，比如经典案例设计、实践操作策略等。

3. 师徒结对，实践反馈

为促进跨校区教师的共同发展，培育教师扎实的知识功底、过硬的教学能力、勤勉的教学态度、科学的教学方法，149跨区域教育联盟中的师徒结对充分

---

① 沈进宇.智慧教育生态培育的要素把握[J].教育科学论坛，2021（5）：15-21.

利用联盟学校的优势，实行的是跨校师徒结对。也就是突破各个学校的界限，让一线教师走出自己的学校多和其他学校的教师进行交流学习。以学科教研组为单位，成立校区之间教学研究对接小组，构建师徒对接机制，师徒结对中的师父从各个学校优秀突出的学科教师中推选而出，师徒结对中的徒弟由各个学校选派，然后交叉结对组成一对一的跨校师徒。

由跨区域智慧教育生态系统研究组负责制订《教师师徒对接规划书》，其内容包括基本情况分析、专业现状分析、专业发展目标（目标发展内容、专业职称目标和创优争先目标）、专业发展措施、专业发展轨迹五个方面，从而形成良性的教师互动机制。

师父主要对徒弟进行教学方面的指导，师父和徒弟共同制订研修计划，并尝试将教师工作坊设计的教学案例付诸实践。师父和徒弟需要共同研究教学设计，徒弟在师父的指导下进行教学实践，之后进行反思总结，根据实际教学效果提交实践反馈。在师徒结对的模式下，将大大促进教师的教学实践能力，从而真正提高教师的专业能力。

建立教学研究对接小组后，开展专业知识对接课程研究。专业知识对接课程是让教师精通所教学科的基础性知识和技能，熟悉学科的基本结构和各部分知识之间的内在联系，了解与该学科相关的知识、学科的发展动向和最新的研究成果，以及学科领域的思维方式和方法论。教师在学科专业知识方面造诣愈深，教学才愈有足够的回旋余地。

定期鼓励教师参加跨校区专业知识对接培训，提高教师的专业素养；举办或参加数学、语文等学科成都市、四川省、全国专业性会议；教师参加各级各类学科专业竞赛培训及学校实践。联盟学校每年应有计划地派教师外出培训，收集培训课程学员学习心得或总结，安排学员对培训课程内容在学科教研组进行二次培训；教务处在安排教师课程教学时，应参考教师发展培训情况。

三、深度学习下的学生学习策略

在现代化信息技术的环境下，学生的学习方式也将发生巨大的转变。在智慧教学生态模式中，要求学生必须具备适应多元化学习模式的能力、深度学习的思维能力、个性化的自主学习能力。

（一）多元化学习策略

智慧教育生态下的多元教学模式突破了传统的教学模式，也改变了学生传统的学习方式。因此，学生不得不提升自己的新型学习力，如适应"线上线下"结合的教学模式和"走班走校"并行的选学教育模式。

1. 线上线下结合

所谓线上线下结合的教学模式即指信息化教学和传统教学模式的结合。在5G和AI等新技术的影响下，学习时空、学习资源、学习方式等都不再受到限制，并呈现出一种泛在化的趋势。因此，要提升学习效率，学生不得不做好适应线上理论探索线下无缝衔接的教育学习模式的准备。在学校里，有传统的教师授课模式，师生在课堂上共同解决问题；在学校外，则可接受线上教学模式，针对疑难问题进行个人答疑。例如，在2020年新冠疫情暴发初期，学校停课不停学，当传统的学习活动无法正常开展时，全面推行的线上教学对学生提出了挑战。复工复学后，学生又要重新适应从线上学习切换到线下学习的模式。这一转换过程需要学生自主转换学习方式。因此，新时代对学生的学习能力提出了更高的要求。

2. 走班走校并行

所谓走班即打破以往传统班级授课学习模式，而采用选课走班制。走校则是在选课走班制的启发下，智慧教育联盟研发的选课走校制。这两种新的教学模式进一步打破了传统固化的教育学习模式，给学生提供了更多元的选择，但也挑战着学生的适应能力和在新环境新模式下的学习能力。新的高考制度转变了以往的选拔评价体系，为学生提供了更多的可能性。走班走校选学并行的模式有助于帮助学生发现自己的兴趣特长，培养自己的选择意识，进而全面提升能力。

（二）思维审查策略

深度学习的思维能力主要包括两个层面的能力：一是建构知识体系层面的能力，表现为学习过程中的主动性、积极性、批判性和建构性；二是变换知识结构的能力，表现为学习过程中关注情境迁移、问题解决和创新。"在深度学习过程中，学习者具有良好的情感体验"，且"深度学习是基于个性的社会化过程"。① 因此，在过程中学习者进行思维审查，进而决定思维发展方向，是提升学生学习力的有效方式。

1. 建构知识体系

在信息技术的冲击下，学习模式多元化，学习资源丰富化，学习内容扩大化，但是学习效能却浅层化、碎片化。换言之，学生对知识的获取是容易了，但对知识的理解却是粗浅的、零散的，缺乏完整的知识体系。因此，在智慧教育生态模式中要培养学生建构知识体系的深度思维能力，引导学生将一个个知识点联结成知识线，进而形成知识面，再构成相对完整的知识框架体系。实践中，学生可以先借助教师精心打造的深度教学课堂养成深度思维的习惯，再在今后的学习中延续深度自学思维，独立建构相关知识体系，这样才能克服知识结构零散、片面、浅层的缺陷。

2. 变换知识结构

学生对于各种知识的学习，必须要经历从点到线、从线到面，再从面到立体知识体系建构的过程，而且最终要以掌握的知识结构应对各种不同的问题，这就需要具备变换知识结构的能力。而这种能力的生成是离不开深度思维的，只有学生自己尝试运用、变换所建构的知识体系，才有可能让自己的学习走向深度、走向创新。因此，智慧教学生态培育要发挥最大的效能，对学生变换知识结构深度思维能力的培养必不可少。

（三）个性化策略

智慧教学生态培育，不仅要求学校层面和教师层面的智慧化，更要求学生也具备相应的智慧化学习能力。因此，学校和教师都应重视提升学生个性化的自主学习能力。

1. 个性化内容选择

学生可以根据自己的兴趣爱好和特长，选择自己感兴趣的学习内容、喜欢的学习方式、擅长的学习路径等。而这种自主性则表现为个性化，每一个学生都可以根据自己的需求进行个性化的选择。例如，149跨区域教育联盟中各个联盟学

---

① 沈进宇. 智慧教育生态培育的要素把握[J]. 教育科学论坛，2021（5）：15-21.

校的学生就拥有了更多选择的机会，他们能够在联盟学校中选择更加适合自身个性发展的学校和课程。这样的联盟设置，无疑提升了学生精准定位、个性化的选择能力。

2. 个性化资源利用

在智慧化的学习生态中，学生个性化的选择能力不仅得到了提高，他们自主学习的能力也得到了提高。"触手可及的学习资源、智能云端的精准推送、智能终端的多元交互、订单与按需式的学习方式，可为每个学习者提供公平的学习机会"[①]，但也要求他们具备更强的自主学习能力。培养并提升学生的自主学习能力也符合学习金字塔的顶层能力要求，只有使学习自主化，才能使知识获取最大化。

---

① 张坤颖，薛赵红，程婷，等. 来路与进路：5G＋AI技术场域中的教与学新审视[J].
远程教育杂志，2019，37（3）：17-26.

第三章

智慧教育生态下的智慧管理与党建联动

　　"创新是一个民族进步的灵魂。"[①] 在"互联网＋"时代背景下，自我学习，全民接受教育已成为时尚，学习的内容、方式（模式）尤其是规范的在校学生学习、教师教学及师生互动、生生互动、线上线下混合式学习等新模式不断创新。学习方式的更新和创新，助力教育尤其是学校教育管理的革新，进而促进了教育生态的完善与发展。

　　当然智慧教育离不开智慧管理。智慧管理是智慧教育生态系统形成和运行的保障，对智慧教育生态培育中的智慧管理的探索就成了重中之重。我们对智慧管理的探索要在党的教育方针的指导下进行，智慧联盟中的智慧管理则需要以党建联动的方式加以规范和指导。

第一节　智慧教育生态培育中的智慧管理

　　教育管理的革新，催生了教育生态旁逸斜出，为新的教育生态链培育奠定基础。新课程背景下的教育教学研究热络起来，以高速发展的信息技术为介质构建现代化的教学环境，助推教育革新，提升教育教学质量，成为社会各界探索新的教育天地的重点区域。初步形成了"互联网＋教育"营运模式，云计算、大数据、智慧课堂等新兴信息技术在学科科研、教学和管理工作中的不断创新，促进教育信息化递进式发展。为此，优化教育资源置配，最大化利用优质资源，教育教学共育共建成为可能，跨区域、跨教育点、跨学校的联盟教育随之产生。基于互联网和信息技术手段的智慧化教育生态管理联盟——149教育联盟应运而生。随着149教育联盟的深入发展，学校的运行与管理正在进行新一轮的变革，智慧校园平台为实现学校教育教学、教务管理、资产管理、人事管理、OA办公、绩

---

　　① 陈春玖. 创新是一个民族进步的灵魂[J]. 中国商人，2015（2）：120.

效评价等工作的智能化变革提供了技术支撑。

一、智慧教育联盟的价值确认

（一）联盟促进智慧教育生态构建

国家提出《中国教育现代化2035》，跟进新时代的社会发展、人的发展进程，前瞻未来，立足当下，学校联盟式智慧教育及智慧教育管理模式应运而生。智慧教育既是第四次教育革命的最新发展态势，也是这场革命的重要推动力量。新兴信息技术与教育教学的持续深度融合，正在引发教育理念、教学模式、教育评价、教育制度等方面的全面创新与深层次变革。同时，智慧教育生态的构建也是一项复杂的系统工程，其构建和可持续发展依赖于政府部门、行业企业、研究机构、一线学校等多方力量的协同参与。各级政府和教育主管部门在制定好上中下相衔接的智慧教育推进策略和实施方案基础上，建立有效的协调机制，做好智慧教育的顶层设计，完善教育信息化的基础支撑平台，建设智慧教育公共服务体系，明确相应的评估指标体系，从而在统一规划和总体设计的基础上，有目标、有计划、有步骤、有重点地逐步构建智慧教育生态链，让教育生态健康发展。

（二）新技术催生智慧教育管理创新

随着社会的发展和社会信息化时代的教育变革，围绕学习资源、学习方式、师生关系、教学环境、管理模式等五大核心的教育管理要素也在发生深刻的变化。近年来，在各级政府的大力支持下，许多优质学校已建成了基于互联网和信息技术共融的智慧校园平台。但在目前国内针对学校层面的相关研究中，还仅仅是初步探讨了培养目标、课程体系、教学结构、学习方式、课堂形态、教师素质、师生关系等，很少涉及学校管理，一般仅是简要地指出未来的学校将采用弹性学制和扁平化管理，并通过大数据提供精准服务。实践中，教育技术的应用呈现出移动学习、云计算、泛在学习、自带设备（BYOD）、数字内容、翻转课堂和个性化学习等多样化发展趋势，通过学校管理提升教育教学效率的作用并不显著，比如网络学习和翻转课堂的实践，一直未显现出令人信服的效率提升。丰富的教育资源反而使人们满意的情况越来越少，学校教师也容易忘记选择资源的初衷。

信息化时代的科技发展日新月异、瞬息万变，要具体讨论学校效率管理问题还需要有"以不变应万变"的理念和策略，从抓本质问题入手，否则将无法及时跟上科技发展的时代步伐，无法有效满足人民的时代需求。在教育管理上，虽然信息化时代将从控制观向服务观转变、从管理者向被管理者转变、从垂直化向扁平化转变、从粗放式向精细化转变、从单向向双向互动转变，但是教育效率和社会效益的统一始终不变，这是教育管理学界的共识——是学校管理"以人的可塑性为出发点，以管理的可控性为保障，二者相互交融于学校的教育目的"[①]。

二、智慧教育管理的内涵

实践中，虽然教育技术的应用广泛多样，模式不断翻新，但通过学校管理提升教育教学效率的作用还不明显。因此，在科技发展日新月异、瞬息万变的信息化时代，需要培育新的智慧教育生态，智慧教育生态培育也呼唤学校的智慧教育管理不断创新。

智慧教育管理理念的实质是融合、共享、开放、包容、深层。智慧教育管理是在现有的教育管理信息系统的基础上，通过统一规范、平台共建、数据共享，并在大数据分析和可视化技术的支持下，逐步将现有教育管理信息系统升级为具有业务管理、动态监测、教育监管与决策分析等功能的智慧化教育管理系统。智慧教育管理系统主要包括教育可视化管控、教育智能决策支持、教育安全预警和教育远程督导四个子系统。智慧教育生态培育的管理智慧就是学校对教育效率进行干预，其基本内涵主要体现在两个维度：一是通过管理提升新技术在配置学校资源上的效率，二是通过管理提升新技术在促进学校育人上的效率。

三、智慧教育管理的实践基础

当前，大数据分析、人工智能、5G等信息技术已能支撑智慧教育及智慧联动管理模式，上至国家，下至单位、个人，网络联动已成常态。但是，就单一的

---

① 周元宽，葛金国. 学校管理教育性的回归：制度设计与路径选择[J]. 中国教育学刊，2014（5）：53-56+65.

课题或联动互学而言，还存在网络硬件架构不全，联动务虚多、务实少，生态培育层次低等局限。毋庸置疑，智慧教育的深入剖析与研究将有助于推动我国教育事业的发展，能够为教育事业的变革提供革命性可能。因为我们国家对智慧教育的研究才说刚刚兴起，无论是研究视角，还是研究的模式和研究成果等方面都存在不足。所以，对智慧教育生态的培育就显得尤为重要。

（一）拓宽视角，展开全方位的研究，为智慧管理提供理论延伸

"我国智慧教育的研究主要是在设计与开发的视角下展开的，主要停留在对智慧教育平台、体系、关键技术等的构建和开发上，但属于研究的初级阶段。"[①] 所以有必要拓展研究视角，从最初的设计、开发，到后面的应用、管理及评价诸方面进行研究。首先，要有强大的技术支撑；其次，寻找理论原理；最后形成理论体系。当然，这三点都是基于对智慧教育生态的大胆实践、反复论证和归纳总结。

（二）从技术支撑转为平台构建，为智慧管理提供物质基础与保障

我们要在研究相关技术的基础上大力发展和搭建相关平台。也就是培育相应的生态系统，亦如由西南大学和双流中学共同搭建的149生态智慧教育联盟一样，为后续研究提供物质及介质支持。

（三）以学校联盟为基础，力促政府、社会、学校的协同共建

无论是智慧共建还是实践创新，离开政府和社会的推动都是空话，因此，学校教育生态的智慧共建，一定需要教育主管部门的重视，要力促教育主管部门加强顶层设计，出台相应的政策与措施来促进和保障智慧教育生态的落实，尤其是对弱势地区技术上的扶持，从而保障智慧教育生态全面有序均衡的发展。

---

① 李玥泓，赵可云. 我国智慧教育研究现状解析：热点，主题及趋势[J]. 数字教育，2018，4（4）：29-33.

四、智慧教育生态培育的管理模式构建

伴随信息技术的不断革新，学校管理支持系统层出不穷，为新时代学校管理提供了新的思路与载体。有条件的学校已经形成了可视化、自动化、交互化的智慧校园管理平台。尽管如此，部分学校在教学和管理中存在的问题也日益凸显，有些甚至已经成为教育教学管理的"痛点"。因此，依托大数据智慧校园系统对原来的教育管理业务流程进行适度的改造，重点解决学校管理的"痛点"，使学校的管理更加规范化、精细化，管理工作更加协同和高效便是各级各类学校追求的管理目标。

（一）教育管理观念的智慧化转型

智慧校园的管理目标是综合运用各种信息技术手段获取校园运行的各种信息，通过对信息的融合和处理，对学校教学、科研、管理、生活、文化等各方面需求做出智能响应，提高学校的管理效能、综合实力和服务功能。在推动观念智慧化转型的过程中，学校的领导层是决定因素，需要在学校整体工作的顶层设计中培育全局观念，建立大数据意识、信息智慧化意识。

1. 大数据时代智慧教育管理趋势

学校领导班子要做大数据时代智慧管理的引领者。要将新时代的发展趋势和学校变革的决心展现在教职工面前，让广大教职工认识到在信息技术高度发展的新时代，智慧校园发展是大势所趋，要在广大教职员工中培育智慧校园管理意识，从而为智慧校园的建设及后期运用奠定思想和行为基础。

2. 智慧教育管理的现实管理基础

学校行政部门要做智慧管理的推动者。智慧校园是大数据时代的新产物，需要不断地实践和探索，更需要在建设和运用过程中不断完善各项制度，管理层是学校整体智慧管理的设计者，要有整体的谋划和把握，要通过建立相应的管理制度和体系来推动智慧校园的建设和发展。学校行政人员不仅有责任有义务为智慧校园建设出谋划策，他们更是智慧校园的直接参与者和项目实施者。

3. 管理层在智慧教育管理中的价值

管理层要做智慧管理的践行者。校长能否直接参与和应用智慧校园平台，中

层干部能否坚决实施落实智慧校园管理体系都关系着智慧管理的落地生根与开花结果。由上而下的践行才是智慧管理的根本所在，因此，管理层是智慧教育管理中的中流砥柱。

（二）教育管理方式的智慧化转型

1. 遵循PDCA循环管理原则

PDCA循环是美国质量管理专家休哈特博士首先提出的，由戴明采纳、宣传，获得普及，所以又称戴明环。全面质量管理的思想基础和方法依据的就是PDCA循环。PDCA循环是将质量管理分为四个阶段，即计划（Plan）、执行（Do）、检查（Check）和处理（Action）。在质量管理活动中，要求把各项工作分为制订计划、实施计划、检查实施效果，一个循环完了，将已解决的问题纳入标准，未解决的问题进入下一循环。PDCA循环在质量管理中得到了广泛应用，成为现代管理学的基本原则。因此，学校管理也可遵以应用PDCA循环，持续改进、不断提升管理水平。

2. 管理流程去单一化

学校在使用智慧平台之前，管理流程是单一化，工作一级一级传达，一层一层落实，这样的管理最大的弊端是时效性低，信息在传输过程中容易出现误差。以学校开展的教职工考评为例，传统的考核方式需要一周的时间才能完成，而智慧化平台管理完成这项工作，只需要两天的时间，且误差率极低。

3. 管理效益一校一特色

管理方式转型需要遵循一校一特色原则，各个学校要根据本地区、本学校的特色和需要来做出自己的特色，不能千篇一律，照搬照抄。以达州市各县级中学为例，学校改变传统的金字塔管理，运用智慧校园平台，实现管理的扁平化，通过OA办公室系统，减少中间的管理层次，扩大信息沟通的范围和速度，拉近管理者与被管理者的距离，能更好地实现以人为本的民主管理，实实在在地构建管理体系合理化、智能化。通过对平台的设计→运用→检测→改进的路径，达到降低管理成本、提高管理效率的目的。

五、智慧管理的社会化成效

（一）实现移动化、无纸化办公

教师可以随时随地接收、转发各类文件，迅速做出反馈，并对文档进行收藏存档。各部门利用智慧管理系统中的"超级表单"模块功能，能够轻松制作各类表格并及时推送，还能够进行统计、分析和存档，解决了教师重复填写各类表格的问题。基于微信的腾讯智慧校园系统利用微信的原生态功能（地理位置、GPS等各类传感器技术）可以变革原来的工作流程，使其更具有规范性、真实性、便捷性。例如，通过"掌上检查单"模块，学校的各类检查评比能及时反馈到各班。通过智能网教师端，教师批改作业、批阅试卷不再受到时间、空间的限制，可以随时随地实现检查批阅。依托信息技术能使传统业务流程的管理难点、痛点得到解决，真正实现学校管理的规范化、精细化、扁平化。

在具体的实践中，万源中学一直推行"高站位决策、低重心运行、近距离服务、走动式管理"的扁平化运行模式，并通过OA办公系统、网络教研、视频会议、微信、QQ、智学网教师端等媒介切实下移管理重心，降低教育管理的边际成本，让校级领导、中层干部、一线教师可以直接沟通、及时互动，信息流通更加顺畅，多元参与成为常态，人力成本有效降低，管理实效大为提高。同时，学校建立了官方微信、微博，班级建立了微信群、QQ群，学科组建立了智学网教师阅卷平台，所有这些平台都有专人负责、专门管理，定期发布学校的各类活动、学生的日常生活等内容，并对家长及社会各界的意见和建议进行及时回复与互动，让社会、家长等多元力量参与办学的活力得到了释放，也推进了学校管理的民主化和科学化。

（二）实现无障碍数字化教学

万源中学引入成都七中网校、锐意通数字教育平台、智学网教师端等，实现了操作简单、自动统分、自动分析的智慧教学管理模式。老师在批阅试卷的同时自动将成绩录入电脑，并在后台统计分析出得分率、失分点等各种数据，及时发现学生在学习过程中存在的问题。此外，该校还引入了智慧课堂"随堂答题"

功能，利用答题器当堂进行客观题评测，直接生成测评结果，并对学生的分数、作答情况等统计数据记录保存。这样，不仅能观察到课堂上每个学生的表现，还可以根据课堂记录报表，追踪学生、班级的学习过程，以此调整授课内容的重难点，给予学生更有针对性的指导，大大增强了课堂管理与互动实效。

互联网虽然是无形的，但是运用互联网的人是有形的，以此传递出来的思想是鲜活的。为此，该校坚持虚拟与现实结合，网上与网下结合，把虚拟空间的对话讨论、互动交流转化为发现问题的有效载体。例如，通过对贴吧、微博、家校互联、微信群、QQ群、微信公众号等平台的浏览和关注，可以发现社会各界对该校关注的热点，归纳出学校管理、学生身上存在的苗头性、普遍性的问题，然后通过校长接待日、家长进课堂等面对面的沟通解决学校发展过程中存在的问题。

在149教育联盟的催生下，基于互联网和信息技术手段的智慧化管理已经开启，智慧校园建设是优质高中教育新的发展方向，实现管理的智慧化，是智慧校园建设中的重要一环。要由传统模式向新型模式转型，必然要实现从观念到方式到运用的彻底转变。更加高效、科学、合理的管理才是学校开展智慧校园建设的初衷和归宿。

第二节　智慧教育生态培育中的党建联动

建党百年，中华民族由弱变强，取得了举世瞩目的伟大成就。中国人民真正成了国家的主人，成了有尊严的个体。事实证明，没有共产党就没有新中国。历史选择了中国共产党，中华民族选择了中国共产党，从"伟大工程"到"新的伟大工程"，从"进京赶考"到"入世再考"，中国共产党由小到大的历史恰是中华民族由弱变强，由富起来到强起来的历史。事实证明，加强和改进党的建设是我们党永葆革命斗志，永葆革命青春，永远继续向前的根本保证。事实也再一次证明，党的建设也一定能促进各行各业的创新和发展，是各行各业继续前行的根本保证。

如何在智慧教育生态下开展党建联动？通过厘清党建联动价值，探寻党建联动的方法、搭建党建联动平台、建党建之家、开展丰富多彩的党建活动与跨校联动，取得党建联动和应对社会公共危机的实效，从而促进生态教育发展，促进跨区域教育联盟发展。

一、智慧教育生态下党建联动的意义

党建联动，此处是指在各校和149教育联盟生态系统内开展党建联动，以带动联盟体内学校的党建工作。党建联动的路子和范围包括校内党建联动，跨区域党建联动，建设教育发展生态圈，就是学校与学校之间通过党的联动建设形成一个资源共享的生态圈。

党建联动的价值如下：一是凝聚"向心力"，联盟各校共同参与，资源共享，互联互动，为智慧教育生态培育和办学质量的整体提升合力作为；二是扩大"朋友圈"，跨区跨校形成联盟生态，实现组织机构优化、服务功能最大化，更有效地发挥党组织的先锋模范作用，扩大"朋友圈"，提高服务质量和效能；三是搭建"连心桥"，党建工作利用智慧教育平台有序进行，通过服务方式的优化和效能的提升，搭建以联盟党组织为核心，促进党员与群众的相互理解、情感沟通、团结合作的"连心桥"；四是结织"信息链"，新冠疫情暴发期间，学校党组织带领广大党员教师坚定地扛起防疫的责任，按照党委、支部、年级三级党建联动的要求，实行学校党委包抓，各个党支部主责，各个年级落实的方式，把上级组织的一条条措施、一项项指令发送到每一位教职工和学生的手机上，再通过年级收集反馈信息层层上传到学校党委，形成一条畅通的、严密的疫情防控链条。

二、智慧教育生态下党建联动的实践

（一）利用平台，组建网络党建之家

充分利用信息技术手段，创建党委、支部、年级三级联动的网络党建平台，大力推行线上办公。联盟各校党委下辖各个支部，每个支部配备一名党务工作者，具体负责学校与年级之间的上传下达，联盟各校通过万源中学党建工作群、网络在线党支部、年级工作群等网络平台，开展网络政策宣传、网上谈心谈话、网上咨询调查、网上民主评议等工作，加强了党委、党支部、年级、全校师生之

间的互动交流，使学校的党建工作模式由单向输送向交流互动转变。

充分发挥平台的信息宣传功能、教育管理功能和互动交流功能，使学校的党建信息传递、党员"三会一课"活动、党员紧急动员、党内民主测评等日常党务工作有效简化，提高了学校党建工作的效率。通过网络平台参与支部活动，打破了空间的限制，有助于党员先进性工作的顺利展开。通过网络党建平台，帮助党员解决一些实际问题，使党建工作更加深入到广大教师的生活中，进一步密切了党群关系，网络党建平台成了广大党员教师用心维护的精神家园。

（二）创新方式，开展丰富的党建活动

作为基层党组织，组织开展有活力的党内活动，是切实践行党的十七大报告中关于加强党的建设提出的"创新活动方式"的要求，也是基层党建工作的重要内容。

一方面，学校根据上级党组织发布的"教育系统每月党建工作任务清单"，结合每个月不同的任务要求，由学校党委确立一个活动主题纵向开展活动。先由年级制订活动方案，再由党支部组织实施活动，党务工作者及时将活动效果上报党建办，学校党委根据活动效果每月颁发一次"活动之星"的荣誉称号，每月累计，作为年底民主评议优秀党支部和优秀党员的重要依据。以2020年7月、8月、9月为例。2020年7月学校开展了"党支部书记微党课"展评活动，2020年8月学校开展了暑期集中政治学习活动，2020年9月开展了"党课开讲啦"活动。这些活动均有突破和创新，各支部形成良性的竞争机制，学校的党内活动也空前活跃。

另一方面，学校各个党支部之间经常横向联动结对，共同推进党建工作的成效。我们通过每月的活动比武发现，学校各个党支部各有优势又各具不足，只有将不同的优点结合起来，才能更好地发挥特长，形成优势互补。于是，我们不断开展支部与支部之间的联动结对活动，形成优势合力，共同打造学校党建特色。比如，2020年8月，万源中学第三党支部（高三年级）与第一党支部（高一年级）开展了横向联动结对活动，两个党支部取长补短共同打造了8月的党内活动。第三党支部的优势是党员党龄普遍在10年以上，党性强，第一党支部的优势是党员均偏年轻化，每月党内活动都能有新点子、新形式，两个支部在结对活动

中扬长避短，分工协作，第三支部主要负责整理100个党员应知应会的小知识，并对每一个小知识做了详细介绍，第一支部主要负责活动形式，模仿中央电视台《中国诗词大会》节目的形式，开展了别开生面的党内活动。

（三）跨校联动，党建之花次第开放

为整合优势资源，由149联盟牵头，万源中学与大英中学结对联盟，两校在不改变现有机制的基础上，开展包括党建的多领域交流合作，致力不同区域教育的联动互补，充分发挥教育优质资源的集聚效应和辐射作用。比如，万源中学与大英中学开展了一次网络党建联动活动，取得了良好的效果。

2020年8月中旬，万源中学与大英中学的党建联动活动通过腾讯视频会议在线上顺利开展，活动由万源中学党委书记张忠祥同志与大英中学党委书记曹俊林同志共同主持，两校一共40名党员参加了此次活动。两校的党务工作者分别介绍了本校比较突出的党建工作经验，万源中学张忠祥同志为大家上了一堂题为"让红色基因滋养我们的生命之树"的微党课……此次活动在两校党员同温入党誓词声中圆满结束。两校对这种线上党建联动模式均表示认可，万源中学的党员同志学习了大英中学先进的党建工作经验，大英中学的党员同志汲取了万源红色文化的养分，通过区域联动，党建之花在万源与大英次第开放。此次线上党建活动，是区域联动、跨校交流的成功试水，为其他领域的跨区域联动提供了经验参照。

三、智慧教育生态下党建联动的成效

（一）党建联动，应对社会公共危机

首先，解决了区域党建一体融合较弱的问题，改变各自为战的状态。网络党建平台实现了"指尖党建"的目的，有效做到了"支部建在网上、手机上"，实现"支部天天在线、党员时时连线、党务刻刻上线"，当出现突发的公共危机事件，可以做到应对速度更快、时效更强。其次，解决了区域党建信息传递不畅的问题。传统党建工作在信息传递上较为闭塞，致使区域间各学校党建信息之间存在各种有形和无形的壁垒，党建联动的网络平台可集合党建的优秀信息资源、优秀阵地，在应对公共事件中，起到上下联动、互联互通、资源共享的作用，应对

公共危机时能够统筹协调，合理调度资源。

（二）智慧引领，促进生态教育发展

联盟学校的党建联动工作推进，有效地发挥了党建引领的作用，促进了教育生态的固化和强化。首先，以党建与教育融合为抓手，全面梳理生态教育的标准化模板，将理念以模板形式固化下来，通过党员带头实践推广，让"零经验"的老师也可以"零差错"。其次，推进教学方式的变革。以支部项目为载体鼓励适度创新，共享推进生态教育中的好方法和新点子。第三，实现生态教育管理的一体化和数字化。依托网络平台，将各类日常工作痕迹上线上云，变以往的线下监督检查为线上的"云督查"，突破时空限制，实现高效管理。

（三）创新方式，增强引领服务效能

充分结合"互联网＋"时代的快速沟通的属性创新引领和服务方式。第一，跨学校的协同联动，利用网络平台，打造项目化流程和模块，共同推进党建服务项目。第二，依托网络平台，开辟模块设置评论和问答功能，党员通过评论畅谈自己的观点、抒发感想，其他党员可以参与回复讨论，有效提高了党员之间互动沟通的质量和效率，同时促进教育难点问题的探讨，有利于区域教育的整体发展。第三，建立党建直播间。"党建直播"形式鲜活直观清晰，喜闻乐见，可以有效打破传统的灌输式教育缺陷。"主播"直观、透彻地进行理论讲解、案例分析等，让党建课题接"地气"，这样更容易被受众特别是年轻人接受和喜爱。

（四）智能推进，促进党员个性发展

在党建联动中，改变重复烦琐和"千人一面"的党员教育局面，实现了"千人千面"精准高效的党员教育。第一，智能整合高效化。以平台学习模块为基础，对接"学习强国"等平台，将各平台学习内容进行整合，在智慧平台上进行集中学习、统一积分，打破当前多头和重复学习的困境。第二，智能推荐个性化。大数据的个性化推荐是当前互联网智能化的一大特点，以党员日常学习大数据为基础，建立党员专属的"党员画像"，在日常学习中，根据党员学习兴趣和习惯精准地推荐党员感兴趣的内容，实现党员常规教育个性化。同时，聚焦当前

党建重点，有针对性推送、置顶和显示党建重点资讯和学习内容，实现党员教育精准化。第三，智能学习可视化。打造一套全区域通用的积分模式，在党员对标之外，开展支部对标、校级对标，改变了传统党建各人各组织"各自为政"的局面，建立了"网上面对面"的可见化党员教育正向激励长效机制，保证学习，提高了党员的先进性。

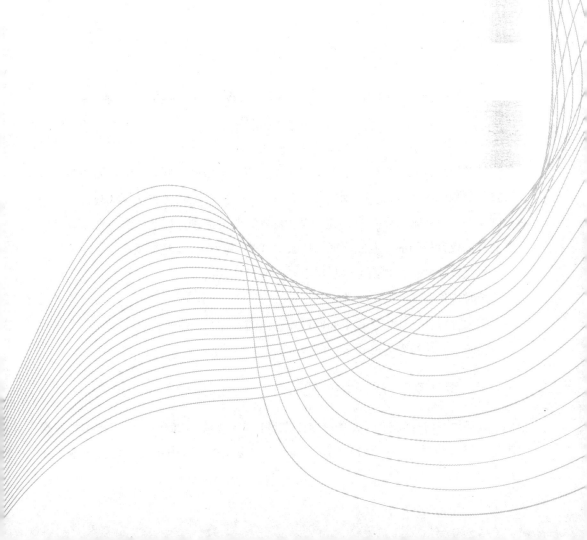

第四章

智慧教育生态培育中的教师发展

目前，国家对人才培养提出了更高的要求，我们需要越来越多热爱祖国、心系百姓、身体健康、人格健全、德智体美劳全面发展，拥有扎实知识、过硬能力、创新思维的人才肩负起民族复兴的使命，推动社会主义现代化建设。因此，培养适应中国特色社会主义现代化建设的人才是当今教育的重要使命。教师作为智慧教育生态中的重要一环，对人才培养发挥着至关重要的作用。那么，新型人才培养需要什么样的教师？如何培养适应新型人才培养需要的教师？这些问题，促使149教育联盟以更高的站位，从教育未来发展的方向出发，聚焦教师发展，探索智慧教育生态培育的现实路径。

第一节　现实叩问：适应智慧教育生态的基础教育教师的专业发展

教师作为智慧教育生态中的重要一环，肩负着培养新型人才的重要使命，这需要教师顺应时代潮流，主动转变教育理念，采用新型教育教学模式与方法。要做到这一点，教师需要不断地提升自我修养，与时俱进。那么，适应智慧教育生态的基础教育教师的专业发展成为广大一线教师面临的重大课题。

聚焦教师发展，我们可以从以下三个问题展开：

新时代需要什么样的人才？

中国教育在现代化过程中如何培养这样的人才？

新时代人才培养需要什么样的教师？

一、智慧教育与人才培养的关系

2016年9月我国发布了《中国学生发展核心素养》，2019年2月《中国教育现代化2035》印发，2019年12月教育部考试中心发布了《中国高考评价体系》和

《中国高考评价体系说明》。这几个文件结合起来梳理一下"中国教育现代化2035"体系中，核心素养、高考评价、基础教育、高等教育这四者之间的关系（见图4-1）。

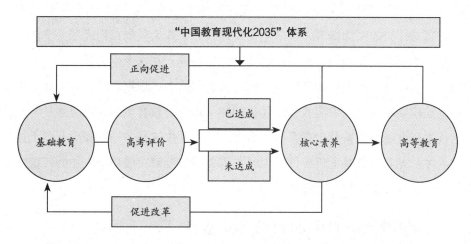

图4-1 核心素养、高考评价、基础教育、高等教育之间的关系

中国特色社会主义建设需要大量中国教育现代化培养出来的人才。根据《中国教育现代化2035》的要求，这些人才具有以下特点：热爱祖国，愿意造福人民，人格健全、德智体美劳全面发展，注重终身学习、注重融合发展、注重共建共享，掌握了现代信息技术，具有创新精神和实践能力。要培养这样的人才，那么在基础教育阶段，教育的任务是什么呢？教育的任务就要使学生形成发展的核心素养，即要在"文化基础""自主发展""社会参与"三个方面形成今后能够适应终身发展和社会发展需要的必备品格和关键能力。这些必备品格和关键能力具体体现在基础教育每个学科的核心素养中，即体现在学科知识、学科能力、学科思维、学科价值四个方面。如何认定基础教育阶段的学生形成了上述素养呢？《中国高考评价体系》就是对学生这些必备品格和关键能力的验收，也是对基础教育任务达成度的检测与反馈。

基础教育是否形成学生发展的核心素养，由高考评价体系来检测，如若达成，具备这些核心素养的学生在大学阶段就会进一步推动教育现代化，同时成长为中国特色社会主义建设需要的人才。人才培养的成功也验证了基础教育的正确性，从而正向促进基础教育走向良性发展的道路。如果高考评价体系检测时，学生的核心素养未达成，或达成度不高，不能满足今后进一步发展的需要，这一检测结果就会反馈给基础教育，从而促使基础教育的进一步改革。

《中国教育现代化2035》为培养中国特色社会主义建设所需要的人才，已构成了一个共生共长的教育生态体系，在这个体系中基础教育和高等教育相互配合，以高考评价体系为纽带，以学生发展的核心素养为凭借，构成了一个相互依存、相互协调、相互制约、相互促进的教育生态链。在这个生态链中，中国特色社会主义建设人才的需要为其注入了最为重要的活力。根据新时代所需要的人才特点，这就要求围绕《中国教育现代化2035》建立的教育生态体系应该是与现代信息技术高度融合的智慧生态系统，否则难以保证快速高效地培养出具备上述特点的人才。尤其在公共危机事件发生时，需要我们能够突破培养人才的传统方法困局，智慧教育就显得尤为重要。

二、适应智慧教育生态培育的教师素养

我们以新时代人才的特点和培养方式来推导基础教育阶段教师应具备的素养。

为适应智慧教育生态体系培养人才的需要，基础教育的老师应该具备智慧教育生态所需要的相应素养，即学科素养、教育教学素养、信息素养、共生素养、创新素养。

（一）适应智慧教育生态的学科素养

根据新时代人才的特点，教师的学科素养应包括学科知识、学科能力、学科思维和学科价值。学科知识要求教师对自己所教授学科的主干知识、核心概念有全面深刻的把握，能够熟练地掌握主干知识之间的纵横联系，准确、深入解读核心概念的内涵与外延；学科能力指各学科特有的分析问题、解决问题的能力，比如语文学科的阅读理解能力、写作能力，数学学科的逻辑运算能力、空间想象能力、推理论证能力等；学科思维则是在掌握学科知识与学科能力的过程中获得的带有学科特点的思维与方法；学科价值可以包括各学科对学生智力发展与人格健全的意义，以及弘扬、传承传统文化，塑造社会主义核心价值观等的意义。适应智慧教育生态的学科素养要求教师必须从专业知识、学科能力、学科思维与学科

价值四个维度进行自我提升与发展。

（二）适应智慧教育生态的教育教学素养

教育教学素养的内涵较为丰富，从一般意义上讲，教育教学素养包含教师教学活动中所体现的教育理念、育人方法、教学模式与教学方法，甚至包括教师与学生的互动技巧、沟通能力、应变能力等。随着时代的发展和社会对人才需求的变化，教育改革不断推进，教育教学内容有了较大拓宽，由学科知识、学科能力拓展到学科思维和学科价值领域，以前教师所形成的教育教学素养无法满足对学科思维、学科价值的教育教学需求。这就要求教育理念、育人方法、教学模式与教学方法等也要及时更新，与时俱进，提升教育教学素养。面对拓宽的教育教学内容，必须建构起新的教育教学模式，这新的教育教学模式便是"深度学习"。所以教师对"深度学习"模式的理解、建构、熟练，是专业发展必不可少的内容。

（三）适应智慧教育生态的信息素养

信息素养是指教师运用现代信息技术、新媒体等技术手段获取信息、整合资源，在此基础上进行教学设计与开展教学活动的意识与能力。在智慧教育生态系统中，教育教学须臾离不开信息技术，数据的产生、存储、流转、分析、提取、判断、运算等信息技术始终伴随着教育教学的全过程，离开了这些信息技术，教师便无法做到对教育教学的精准"画像"、精准判断、精准施策、精准施教、精准评价。这种将信息技术与教育的深度融合模式就称之为智慧教育。而教师通过运用信息技术采集、储存、分析教育大数据，并服务于教学管理和课堂教学等的素养，我们也称之为智慧教育素养。面对5G、云计算、大数据、人工智能、物联网等新兴信息科技，急需教师转变教育教学观念，熟悉并掌握现代信息技术，来为教育教学服务，提升教育教学效益。所以，信息素养的提升也是教师专业发展不可或缺的内容。

（四）适应智慧教育生态的共生素养

共生素养，即教师具备的关注教师群体资源共享与共同发展的意识。智慧教育生态体系不是那种单点独进式的线性体系，而是多点融合共生共长的全方位立体体系，培养的人才具有愿意造福人民、注重融合、注重共建共享的特点。那么，适应智慧教育生态的老师要把自己作为体系中的一个元素，在掌握系统发展规律的基础上主动顺应系统发展趋势，与其他老师一起共建共享资源，相互携手共进，共同促进教育的发展，共同经营幸福的生活。所以，树立教师发展的共生观念，也是教师专业发展的应有之义。

（五）适应智慧教育生态的创新素养

人们总是受习惯左右，受定势思维摆布，但是智慧教育生态体系中融合了很多新观念、新技术、新模式，有太多的新经验、新知识、新方法、新思维和新问题需要教师去面对，这就需要教师要有创新素养。发展教师的创新思维、提升教师的创新能力，也就成了教师专业发展的重要内容。

只有树立了共生理念，才能促进教师的相互成长，敢于创新且具个性化的教师才能培养出具有创新精神的人才。所以，在中国教育现代化过程中，要培养出新时代的人才，基础教育的老师应该具备适应智慧教育生态的素养。

三、教师素养现状忧思

目前，我国高中教育阶段教师素养的现状如何呢？从149跨区域教育联盟中的九所学校来看，高中老师的素养在原有基础上有所提高，但随着教育现代化的深入推进，还有某些不相适应和有待提升之处。

（一）重学科知识、轻学科思维

这与我国一直重视"双基"（基础知识与基本能力）的传统有关，也与以前的高考评价强调"以知识立意""以能力立意"有关。目前，在重视学科知识、学科能力的基础上，进一步强调学科思维和学科价值，这两者同样是学科素养的重要组成部分。部分高中老师的学科素养还需要进一步提升。

（二）重灌输说教，轻启发引导

这与高中阶段的教学任务繁重有关，学生需要接受的教育、知识、能力训练比较繁重，如果以启发引导为主，则需要的时间较长，教师无法完成教育教学任务，只能采取"批量"教育教学，而"批量"教育教学的最好方式就是灌输说教。从而把最为重要的探究式、启发式、合作式、自主式的教育教学方法忽略了。

（三）缺少信息技术与教育教学两者深度融合

即把信息技术只当成获得教育教学资源的一种手段，而没有意识到在5G、大数据、物联网、人工智能、云计算时代，信息技术与教育教学已完全捆绑在一起，须臾不可分离。离开了信息技术，同时也就剔除了教育教学的最佳途径。

（四）忽略相互帮扶、共生共长的发展理念

每一位教师只有在智慧教育生态系统中准确定位，既要弄清楚系统中其他元素对自己的限制和支持，也要弄清楚自己对其他元素的功能和作用，在相互配合和协调中才能正确成长、快速成长。

（五）受定式思维的影响，缺少创新思维

高中阶段的部分老师，囿于以前积累下来的传统经验，来处理面临的新问题，常常弄巧成拙，不见效果。这些老师缺少与时俱进的理念，不愿学习新东西，对新兴的信息技术采取抵制的态度，因而也不愿去接受新事物，不愿去改变自己的教育教学方式。

从以上分析可得出结论：目前高中阶段部分老师所具备的教育素养很难适应智慧教育生态体系的需要，只有加强教师相关的教育教学素养提升，才能真正培养出新时代所需要的人才。

四、教师素养提升的困境

为何目前高中大多教师各项素养仍处于较低的层次？我们对149联盟下的九

所学校进行了深入调研，发现大多教师在提升教师素养方面都面临同样的困境。

（一）教师自我发展的意识与动力不足

从事高中教育的教师便能深刻体会到高中阶段教学容量大，不仅包括大量的学科知识，还必须肩负培养学生学科能力、学科思维等任务，教师不仅要承担基本的教学任务，还要关注所教班级每一个学生的发展，加上备课、教研、批改作业、个别辅导等，日复一日，部分教师在忙忙碌碌的工作中显得疲惫不堪。这样的情况下，部分教师没有足够的时间与精力去自我提升，长此以往，导致自我提升的意识与动力减弱，教师素养长期停留在最初的水平。

（二）学校教研水平参差不齐

从调研结果来看，各学校的教研水平呈现较大差异，一些学校开展的教研活动仅限于集体备课，分析、解决具体的教学问题，比如学科知识建构，思维、能力的培养方法和常用的教学方法与技巧等，缺乏将教学问题形成课题探究的意识，以深入学习新的教育理念和教育发展新动向、掌握运用信息技术等新技能、将信息技术与教学相融合等为目的的教研活动几乎很少开展。因此，教师整体素养不高。对于这类学校的教师，则缺乏一个长效的教师专业发展平台。

（三）学习培训机会较少

目前，部分教师的专业发展还停留在依靠外出学习培训这一条途径上。然而，学校考虑到教育教学工作的正常开展，外出到其他学校观摩学习的机会一般较少，每次派出的教师人数也极为有限，通常是每个学科1~2人。随着信息技术的广泛运用，线上培训成为教师专业发展的重要途径，已在各学校逐渐开展起来，但各地区、各学校对线上培训的要求不同，实际操作中有效性并不高。由于学习培训机会缺乏，通过提升教师整体素养来满足智慧教育生态的需求难度较大。

（四）教育受升学率的影响

从学校发展的角度来看，通常学校都会受到升学率的影响，在人才培养方面，尤为关注学生分数，即重点上线人数。为了增加重点上线人数，学校通常会对教学进行整体规划，采用一些短平快的方式，比如学习推广高效教学模式、增加训练量、延长学习时间、加强对学生的约束管理等。教师作为教育的重要一环，无疑也在规划当中，教师的个人智慧与个性化教学往往受到约束。

以上四个方面的困境成为当下一线教师专业发展路上的阻碍，教师素养提升缓慢，无法适应智慧教育生态的需求。因此，搭建跨区域的教育联盟，通过校际联动加强学校间教师交流，相互学习，互帮互助，提升教师整体素养势在必行。

第二节 整体设计：适应智慧教育生态培育的教师专业发展路径

在"中国教育现代化2035"的智慧教育生态体系中，教师是最活跃、最主动且起决定作用的因素。无论是基础教育还是高等教育，都要通过教师来推动发展。高考评价既考查学生的核心素养，也检测教师的教育教学效益。所以，智慧教育生态中，教师的专业发展就显得尤为重要。

根据智慧教育生态的共生共建理念、系统发展理论、动态平衡理论，149跨区域教育联盟进行整体设计，构建了适应智慧教育生态的教师专业发展的"三师"融合成长路径，以增强智慧教育生态培育的核心力量。

"三师"指名师工作室、教师工作坊、跨校师徒结对。"三师"融合发展路径是根据智慧教育生态理论而建构的。基于智慧教育生态的深度学习是"三师"融合发展的核心内容，知识、数字资源、信息技术是"三师"融合发展的支撑条件，党建联动、教学模式探索、教学设计打造、信息素养提升、学科节活动、云端课程建设、研学社团活动、联席会议是"三师"融合发展的活动载体，西南大学深度学习研究团队、149跨区域教育联盟研究团队、149跨区域教育联盟智慧管理平台是"三师"融合发展的保障条件（见图4-2）。

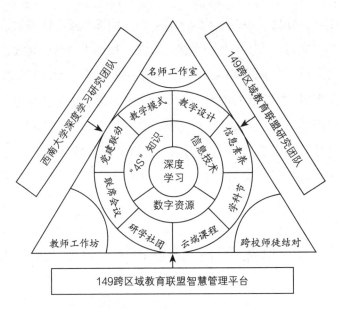

图4-2 "三师"融合的教师专业发展成长路径

这个教师发展的专业成长路径，以提升教师适应智慧教育生态所需要的学科素养、教育素养、教学素养、共生素养、信息素养、创新素养为目的，通过活动、互动、联动的方式，在理论和实践两个方面提升教师的专业水平。

一、"三师"融合发展路径的核心内容

我们要提升教师适应智慧教育生态所需要的各类素养，就要从生态系统观念出发，不能割裂各类素养分别培养，这样培养出来的素养支离破碎，不能解决实际问题。因此，我们要聚焦，要集中精力培养其关键素养、核心素养，然后以点带面，提升与此相关的其他素养。那么，什么是教师专业成长应提升的关键素养、核心素养呢？为了回答这个问题，我们追溯了教师的本质，教师是传道授业解惑者。首先，教师要保证传给学生的"道"是正确的，为学生"解惑"的方法是正确的，这就要求教师的学科素养必须过关；其次，教师要力争做到"传道"的方法正确而有效，甚至是高效，这就要求教师的教育教学素养要丰厚、扎实。这两方面的素养是每一个教师都应该首先具备的，其他素养都是在这两方面素养的基础上培养起来的。而能同时将这两方面素养融合提升的途径是对深度学习理论的学习与实践训练。所以，深度学习是"三师"融合发展路径的核心内容。

深度学习，是对学科知识、学科能力、学科思维、学科价值并重的学习，是专门培养学生学科核心素养的学习。深度学习，是指在教师引领下，学生围绕着具有挑战性的学习主题，全身心积极参与、体验成功、获得发展的有意义的学习。在这个过程中，学生掌握学科的核心知识，理解学习的过程，把握学科的本质及思想方法，形成积极的内在学习动机、高级的社会性情感、积极的态度、正确的价值观，成为既具独立性、批判性、创造性又有合作精神、基础扎实的优秀的学习者，成为未来社会历史实践的主人。[①]

围绕深度学习，以此来提升教师的学科素养和教育教学素养，就抓住了教师专业成长的关键，其他素养的提升在这一关键素养的带动下就容易多了。

二、"三师"融合发展路径的支撑条件

要掌握深度学习理论并运用这一理论指导实践，必须要有相应的支撑条件，即"4S"知识、数字资源、信息技术。"4S"知识指深度学习过程中要求学生掌握的知识，包括学科知识（SK）、策略知识（KS）、社会技能（SS）和认知结构（CS）。数字资源指深度学习中所要运用到的学生能力状况、学习过程材料、思维活动情况、人际交往状况，以及相应的课件、教材、图片、视频、软件等。信息技术指深度学习过程所需要的运用和处理数字资源的技术能力，包括数据的产生、存储、流转、分析、提取、判断、运算等信息技术，还包括运用5G、云计算、大数据、人工智能、物联网等新兴信息科技进行精准"画像"、精准判断、精准施策、精准施教、精准评价的技术。[②]

"4S"知识、数字资源、信息技术是深度学习发生的支撑条件，也是"三师"融合发展路径的支撑条件，离开了它们，深度学习便难以发生，教师的学科素养、教育教学素养也难以提升。

三、"三师"融合发展路径的活动载体

根据智慧教育生态的共生共建理念，149跨区域教育联盟根据教师专业成长

---

① 郭华.深度学习及其意义[J].课程·教材·教法，2016（11）：25-32.
② 胡航，李雅馨.深度学习：是什么？怎么做？[J].中国信息技术教育，2020（1）：85-87.

的目标，设计了一系列共生共建活动，以此为载体推动"三师"融合发展。党建联动、教学模式探索、教学设计打造、信息素养提升、学科节活动、云端课程建设、研学社团活动、联席会议就成了"三师"融合发展路径的活动载体。

教师的专业成长要在理论指导下的实践活动中进行，要在实践活动中探索，要在实践活动中成长，要在实践活动中修正完善理论并加深对理论的理解。那种只通过理论说教对教师进行培训的方式，是难以将理论转化为教育生产力的。所以，教师的专业成长要接地气，要在各种教育实践活动中形成教师自己的专业素养。

四、"三师"融合发展路径的保障条件

教师的专业成长要成长哪些内容，如何成长，不是盲目的，而是需要专家引领，需要科学规划，需要按照一定规律进行。149跨区域教育联盟与西南大学深度学习研究团队合作，在他们的指导下，成立了149跨区域教育联盟研究团队，使教育联盟做到了基于研究的实践，使教师发展做到了基于研究基础上的发展。由于联盟各校路途遥远，来往不便，加之新冠疫情的肆虐，联盟利用现代信息技术，借助企业微信平台，搭建了149跨区域教育联盟智慧管理平台。

西南大学深度学习研究团队、149跨区域教育联盟研究团队、149跨区域教育联盟智慧管理平台便成了"三师"融合发展路径的保障条件，对教师的专业成长保驾护航。

第三节 理性实践："三师"融合发展的行动策略

我们在"三师"融合发展的整体设计下，明确名师工作室、教师工作坊、跨校师徒结对各自的功能、职责及其相互的支撑合作关系，在西南大学深度学习研究团队和149跨区域教育联盟研究团队的引领下，在充分论证的基础上，理性实践，提炼了"三师"融合发展的行动策略。

一、明确"三师"的功能和职责

（一）名师工作室

名师工作室的学习，周期一般为三年时间，学员要根据成长规划，学完相应的课程并考核合格。教育主管部门对工作室每年都要进行考核，学员学满三年后，还要接受教育主管部门的验收。

名师工作室的领衔人一般来说，既具有一定的学术水平，也有丰富的实践经验，是典型的"理论＋实践"型人才，对于其工作室的学员既要从理论上引领，也要从实践上引领，对学员的专业水平进行系统而有序的提升。名师工作室的领衔人带学员有点类似于大学教授带研究生一样，对学员的成长有着巨大的、突出的作用。学员也相当于免费学完了教育硕士的课程，只是没有授予学位，但获得了某名师工作室毕业的荣誉。

（二）教师工作坊

教师工作坊，顾名思义，是教师解决教学实践问题的"加工"作坊。教师工作坊具有明确的要解决的问题，而且这个问题是大家共同关注的问题，但这个问题一般不是特别大的问题，毕竟工作坊是小规模的"加工"，一般来说，这个问题一学期便能解决为最好。教师工作坊在任务完成后，通常形成这样几项成果：共享资源、案例设计、解决的问题操作策略或模式、坊中成员专业水平的提高。

教师工作坊的人员一般从多个教研组或备课组抽调，坊主由各校安排某优势特色学科的教师担任。

由各校教研组抽调人员组建的教师工作坊（以下简称"教研工作坊"），着重思考落实课程标准，以教育科研为主，解决备课组工作坊所需要的理论，分解备课组工作坊需要解决的系列问题。

由各备课组抽调人员组建的教师工作坊（以下简称"备课工作坊"），着重思考高考的应对方法和教材的教学方法，每个学科每个年级的备课工作坊一学期解决一个棘手的问题，如散文阅读教学、小说阅读教学、议论文写作教学等（见图4-3）。

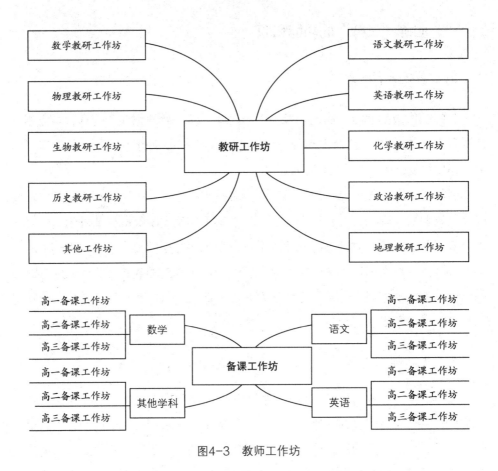

图4-3 教师工作坊

（三）跨校师徒结对

师徒结对一般指一对一的带徒形式。师父通常由教学实践经验丰富的教师充当，徒弟往往是进入教学岗位不久的教师或新晋的班主任。这种师徒结对着重于对徒弟的入门、入格的引领，主要针对教材解读、教学设计、课堂环节、作业布置、作业批改、学生辅导、师生交流、家校沟通和班级管理等日常教学、管理方面进行指导。师徒结对周期一般为一年。

149教育联盟的师徒结对形式，打破了原有校内师徒结对制，形成跨校区的师徒结对形式。以线上指导为主，线下指导为辅。

二、梳理"三师"相互支撑合作关系

"三师"围绕深度学习展开活动，通过党建联动、教学模式探索、教学设计打造、信息素养提升、学科节活动、云端课程建设、研学社团活动、联席会议等活动加强联系与合作，相互促进，相互支撑，相互反馈，既促进自身发展，又促进教师的融合发展（见图4-4）。

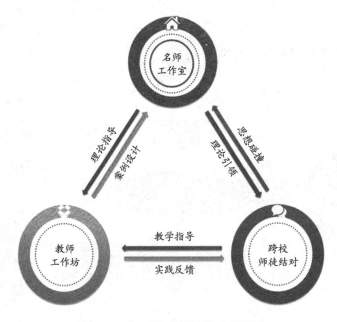

图4-4　"三师"相互支撑合作关系

名师工作室的领衔人具有一定的学术水平和研究能力，在理论和实践方面具有引领作用，肩负着对教师工作坊和跨校师徒结对的理论指导、引领的责任。教师工作坊由各校备课组长或教研组长组成，要解决的问题往往是教育教学中的难点、重点，同时要把攻克的结果形成案例，既给名师工作室研究提供鲜活的证据材料，又把案例反馈给跨校师徒结对，给师父提供典型案例来指导徒弟学习。跨校师徒结对中，师父带领徒弟入门、入格，习得基本规范的过程，将发现的问题、产生的想法和获得的灵感等提供给名师工作室，使名师工作室的研究更有针对性、指向性，同时也将相关信息交流到教师工作坊，方便教师工作坊更准确地定位难点问题、重点问题和普遍问题。

"三师"的融合，全靠信息的及时沟通、交流、共享，这离不开149跨区域教育联盟的智慧管理平台。

三、搭建"三师"融合的层级结构

根据149跨区域教育联盟各校的实际情况，我们搭建了"三师"融合发展的层级结构（见图4-5）。

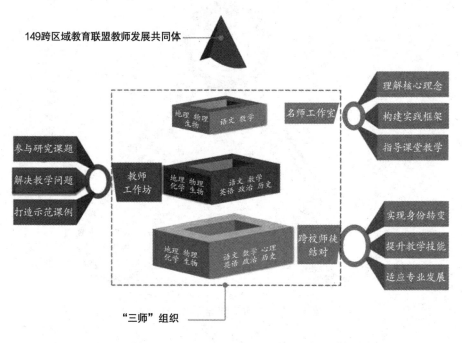

图4-5　"三师"融合的层级结构

目前成立了语文、数学、地理、物理、生物五个名师工作室，其主要职责是理解核心理念，构建实践框架，指导课堂教学，在"三师"融合发展过程中，处于最顶层的位置，对教师专业发展起着引领带头作用。

高中九大文化学科分别成立了教师工作坊，由各校教研组长或备课组长组成，其主要职责是参与研究课题、解决教学问题、打造示范课例，在"三师"融合发展过程中，处于中间位置，对教育教学理论作用于教学实践起着转化、过渡、衔接的作用。

在九大文化学科领域，组织跨校师徒结对，师徒结对的主要职责是使徒弟实现身份转变，提升教学技能，适应专业发展，在"三师"融合发展过程中，处于最基础的位置，对教师工作坊和名师工作室起着提供最鲜活的实践问题和一线教师的成长需求的作用。

明确"三师"职责、梳理"三师"关系、搭建"三师"结构，是149跨区域教育联盟在"三师"融合发展的理性实践中，归纳提炼出来的"三师"融合发展的行动策略。

第四节　成效盘点：从智慧素养提升到素养的全面发展

"三师"融合发展体系，由于各校地域范围、经济背景、生源特点、文化特色等因素的差异，注定属于一种松散式的、协商式的发展体系，只有找到大家共同关注的问题，才可能抱团发展。于是，我们在149跨区域教育联盟智慧平台的支撑下，着力提升教师智慧教育素养，促进教师素养的全面发展。

一、"三师"融合，提升教师智慧素养

前文我们提到，智慧教育是信息技术与教育的深度融合，其本质在于教师积极寻找并利用资源，致力引导学生发现并解决自身遇到的情境中不确定性问题。[①] 而智慧教育素养是指运用信息技术采集、储存、分析教育大数据，并服务于教学管理和课堂教学等的素养。这要求教师不仅要具备提升学生核心素养（包括文化基础、自主发展、社会参与）的基础素养，还应具备信息技术灵活应用的素养，更要具备适应新情景、创设新情景，以及理解和回应新情景的创新实践素养。因而，可以说教师智慧教育素养是基于智慧教育生态培育的教师素养的重要组成部分。教师智慧教育素养的提升有助于推动教师智慧素养的全面发展。

由此，我们借助149联盟，搭建"三师"融合模式，通过校际联动，极大地提升了教师智慧教育素养。

---

① 毛其明．试论智慧型教师的内涵及其基本素养[J]．教育科学，2011（27）2：45-49．

（一）教师智慧教育意识觉醒

教师智慧素养的提升，首先得有智慧教育生态环境影响下的自我意识的觉醒，在信息技术力量的推动下，实现自我智慧素养的价值、专业的发展，完成智慧教育的社会责任。针对当下一线教师自我提升意识不强的现状，我们通过"三师"融合模式（见图4-6），开展校际联动实践，从而增强教师智慧教育的意识。

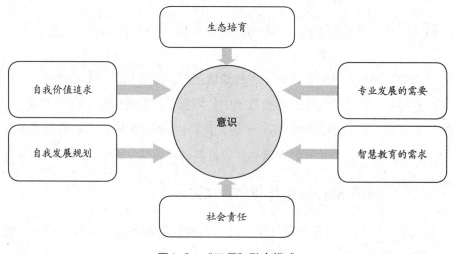

图4-6 "三师"融合模式

通过"三师"融合的校际联动，相关专家从国家战略层面对我国教育的不同发展阶段的首要任务进行解读。从理论到实践案例对149联盟九所学校的教师进行分析，使联盟的教师真正明白，要培养智慧型创新人才，首先必须转变观念，全力提升智慧素养，教师进一步明确提升自身智慧素养既是智慧教育的需要、是社会责任，也是自身发展的需要。

校际联盟学校通过线上、线下联动，以"三师"为载体，开展教师智慧素养相关课题的研究，智慧教育课堂的探讨，如何培养创新型智慧人才的讨论，营造了良好的氛围，不仅联盟成立了相关研究的课题组，联盟各学校也成立了与教师智慧素养相关的研究小组。校际联盟各学校的教师相互影响、相互促进，大大增强了教师提升智慧素养的意识，教师逐步制订了自我发展规划，期待实现自身的价值和承担智慧教育的社会责任。

（二）增强教师智慧教育内生动力

动力是行为的内在或者外在的驱动，即行为的缘由，包括价值和目标。通过研究与实践，我们归纳得出了激发教师提升智慧素养的主要路径（见图4-7）。

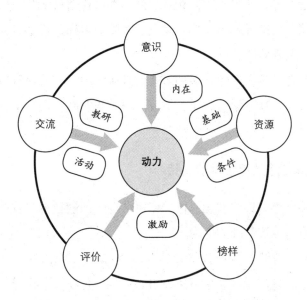

图4-7　激发教师提升智慧素养的主要路径

149联盟赋予了教师多元人际资源和共同愿景，提供了精神依托和情感力量，激发起每一个学习者的情感动力，并借助共生态，将情感动力扩展至整个智慧教育生态系统，促进生态情感动力系统的悄然诞生。情感动力系统为教师学习提供了强大的情感动力，教师情感动力系统与智慧学习环境和谐交融，使教师学习从外在驱动走向内在情感自觉，激发了教师学习的积极性和创造性，催生了教师追求幸福和生命价值的不竭动力，为教师智慧学习奠定了坚实的基础。

美国心理学家班杜拉认为："学习是指个体通过对他人的行为及其强化性结果的观察，从而获得某些新的行为反应。"[1]名师渊博的学识引导普通教师探索教育的规律，名师亲和的态度引导普通教师挖掘民主教育的真谛，名师勤劳的美德引导普通教师体会敬业乐教的快乐。

"三师"融合下的名师工作室领衔人、教师工作坊负责人、校际结对的师父

---

① 莫雷.教育心理学[M].广州：广东高等教育出版社，2002：89.

都是联盟的榜样，每月评出的网络直播课、选修课优秀教师等，催人上进，激励着校际各学校的教师们奋发向上，争当名师。联盟线上、线下的交流教研活动，学科节的开展，面向各学校各层次的学生开设的网络智慧教育直播课堂，网络选修课堂，创客空间等，使得教师们跃跃欲试，都希望通过平台一展身手，实现自身的价值和追求，获得成就感，进而激发了教师努力提升智慧素养，也进一步增强了教师提升智慧素养的意识。

联盟共享的各种教育资源、多种形式的教研活动、有效评价机制，无不激励着教师们积极参与各项教学、教研、教改的研究与实践，增强了智慧教育的内生动力。

（三）获得智慧教育技术的支持

技术是物质世界有形体和无形体的有机结合，即硬技术与软技术的共生，也可以称为生产力即经济基础的依附。

149校际联盟提供了各种智慧教学共享资源，如网络平台，教学软件、视频、课件、学案、题库，深度学习研究中心提供了各项技术指导。联盟为教师学习提供了智能技术支持，利用智能设备和无缝信息网络，打开了教师泛在学习的便捷之门；利用智慧计算等信息技术，为教师提供智能分析，支持情境觉知，记录学习过程、学习数据，进行智能学习评价和学习资源的自动推送，为教师提供了个性化智能学习系统。

同时，借助"三师"融合的教师共同体和深度学习研究中心展开技术研究。既重视智慧教育理论的研究，更重视智慧教育课堂和智慧人才培养的研究。而研究的核心在于课堂中如何引导学生做到情景生成、理解与回应。通过这些研究活动，联盟下的教师们系统地学习了教育生态学理论、建构主义理论、DIKW模型理论和深度学习理论等教育理论，对课堂教学中教师应如何做到生成情景、理解情景和回应情景进行了积极的探寻、研究，也为各学校开展智慧教育提供了课堂中如何创生新情景、理解新情景、回应新情景等的可行方案。在此基础上，联盟下的教师们积极开展智慧教育实践，将研究学习到的理论运用于实际的课堂教学，在实践中发现问题，解决问题，进一步丰富发展了智慧教育理论。通过"三师"融合的校际联动，开展的这一系列理论研究与教学实践活动，联盟内全体教师的智慧素养得到显著提升。

比如，2020年新冠肺炎疫情期间，149联盟各学校教师均开展了线上教学活动，教师们灵活地使用了微课、录播课、直播课等课堂模式，结合一对一的个性化辅导答疑。同时，联盟各学校推动了"专递课堂""名师课堂""名校网络课堂"的实施，践行优质教育均衡发展。在实施过程中大大提升了教师们面对新情景的回应素养。教师也积极主动地开展相关课堂的研究，发表了很多文章。《教育科学论坛》特地开辟了"教育为战'疫'给力"专题，收录了在突发性公关危机出现时教师们启迪智慧、创造性地开展网络教学活动的案例。这些案例就是教师智慧教育素养成长的有力实证。

二、基于智慧教育生态培育的教师素养的全面发展

"三师"融合的校际教研平台的搭建，从意识、动力与技术三个方面给予了教师有力的支持，为教师专业发展、素养提升提供了可靠的路径，这不仅促进了教师智慧教育素养的提升，更推动适应智慧教育生态培育的教师素养的全面发展。

（一）学科素养的实质提升

"三师"融合发展体系下，我们通过名师工作室、教师工作坊、师徒结对等途径开展校际教研活动，加强联盟学校教师之间的交流学习，开展课题研究，学习教育生态学、深度学习等教育理论。并聘请西南大学教育学部深度学习研究团队的专家到各学校开展线下深度学习讲座，为联盟学校的教师介绍深度学习理论，分析当下高考的特点与走向。这一系列的理论研究学习活动使联盟学校的教师们对自己所教学科以及教育教学都有了深度认识，使教师意识到课堂教学仅局限于学科知识层面是远远不够的，而应当将教学的重心转移到学生学科能力、学科思维的培养上，彰显学科价值。由此，教师的学科素养获得较大提升。

（二）教育教学素养的全面发展

西南大学先后通过"三师"融合发展平台、学科节活动、联席会议、论文撰写研讨等途径对联盟各校进行了深度学习培训、深度学习教学设计培训、交互式

微课制作培训和论文撰写培训，并对学生进行了深度学习评测，切切实实地提升教师的课堂教学水平，提高教师的专业能力。

深度学习理论认为，深度学习是主动的、积极的、具有批判性的，是为了促进问题的解决并提升创造力的学习。关注情境迁移、问题解决和创新，学习过程符合基于个性化的社会化属性。[①] 从目前一线教师的教育教学素养来看，较为缺乏的就是情景生成、理解和回应的智慧素养。因此，我们尤为注重对情景生成、理解和回应素养的提升策略的研究。

149联盟成立了多个名师工作室，重点针对智慧教育课堂和智慧人才的相关课题进行研究，尤其是对课堂教学中教师应如何做到生成情景、理解情景和回应情景进行了积极的探寻、研究。为联盟各学科的教师工作坊、跨校师徒结对相关教师、联盟各学校相关课题组提供理论指导，为各学校开展智慧教育提供课堂中创生新情景、理解新情景、回应新情景等可行方案。各学校也成立了相关课题研究小组与联盟名师工作室、教师工作坊实施联动，开展相关研究，深度学习，掌握情景生成、理解和回应的原理和方案，进一步改进和完善方案，使方案更加适用于本校的实际，符合教师个体。进而全面提升了联盟教师情景生成、理解和回应的理论素养。

通过图4-8所示的联动研究，我们重构了课堂教学模式与方案，并积极开展课堂实践活动。随着课堂改革的推进，教师逐渐改进了传递式课堂，实施引导启发式课堂，积极主动地在课堂教学中设置确定性的情景，引导学生理解和回应自己所设置的确定性的情景。这样的教学案例在联盟内部已基本普及，这也是教育改革的巨大进步。不过智慧课堂更需要创设不确定性的新情景，以利于培养学生的创造性能力。研究和实践发现，在课堂教学中，教师只要敢于把课堂还给学生，让学生展开合作探究，同时给予学生展示他们所探究的成果，允许学生相互进行评价和质疑，这样的课堂就会充满许多不确定的情景。面对不确定的情景，教师在引导学生处理的过程中，不仅培养了学生理解和应对不确定性问题的能力，生成智慧，而且也提升了教师情景生成、理解和回应情景的智慧素养。

① 莫雷.教育心理学[M].广州：广东高等教育出版社，2002：89.

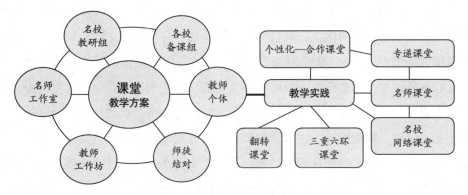

图4-8　联动重构课堂教学模式与方案

如联盟学校实施的"三重六环"高效课堂、翻转课堂、个性化-合作学习等模式中，均涉及合作探究、展示、点评和质疑环节，联盟开展的活动课创客空间、课题辩论课等，通过学生活动，创生了许多教师意想不到的新情景，衍生出了一系列新问题，其中一些问题是难以解答的，甚至没有确定的答案，这给教师带来了巨大的挑战。但作为一线教师，我们都清楚地认识到，这样的智慧课堂正是培养高科技创新型智慧人才所必需的。不仅如此，作为智慧型教师，我们还需要在教学过程中利用多种教学资源，灵活运用信息技术等物化技术做支撑，根据各小组学生探究的实际情况，用智化技术来引导，促进课堂中不确定性情景的生成。这样的教学过程培养了学生应对不确定性问题的智慧，培养了学生的创造性智慧。对于教师而言，无疑大大提升了情景生成、理解和回应的素养。

教师情景生成、理解和回应素养的提升，转变了教师的传统课堂教学模式，使课堂教学焕然一新，焕发出无限生机。而教师的教育教学素养也得到了全面的发展。

（三）共生观念逐渐形成

在智慧教育生态体系中，教师是共生共长的共同体。因此，所有学校的领导和教师在认识上都不应该把自己当作一个旁观者、一个衬托者、一个凑热闹者，也不应当只关注个人的成长，而忽略了教师群体的整体发展。作为智慧教育生态体系中的一员，教师应当具有资源共享、相互促进、共同发展的意识。只有当教师整体素养提升了，教师个体才能获得更全面的发展。

　　149联盟搭建"三师"融合发展体系，通过名师工作室、教师工作坊和师徒结对开展校际联合教研活动，其目的之一就是加强各校教师之间的相互交流，促进教师共同发展。在149联盟的指导下，通过"三师"融合发展体系，开展多种形式的教研活动与课题研究，教师在相互交流、相互学习中获得了共同进步。同时，联盟还建立教育教学资源库共享平台，教师可以将自己的优秀教学课例、微课视频、课件、教学设计、优秀试题和理论研究成果上传分享，实现联盟学校教师之间的资源共享。教师在这一过程中获得了实实在在的好处，从而进一步意识到教师发展共同体要获得良性发展，教师个体就必须具有共享意识、共生观念。

（四）创新意识逐渐觉醒

　　通过"三师"融合模式下一系列的教研活动与课题研究，教师对课堂教学有了新的认识，随着教师学科素养、教育教学素养和信息素养等的提升，教师有了更多设计课堂教学的新思路，在大胆整合教材的基础上，选择新视角、运用新材料、营造新情景，结合新的教学模式，如"三重六环"教学模式、翻转课堂、个性化-合作学习模式等，在学生自主学习的基础上，引导学生小组之间合作、探究学习。教师则作为教学组织者，从宏观上把控课堂，对学生自主与小组合作、探究学习中无法解决的问题给予引导、点拨，进而引导学生积极主动建构知识。全新的课堂教学模式的设计与运用，学生参与度提高，学习主动性增强，学习积极性被充分调动起来。课堂教学效果的改善，进一步调动了教师教学研究的积极性，推动了教师创新思维的逐步发展。

第五章

智慧教育生态培育中的学生发展

2018年4月，教育部发布的《信息化教育2.0行动计划》指出：构建智慧学习支持环境；大力推进智能教育，开展以学习者为中心的智能化教学支持环境建设，推动人工智能在教学、管理等方面的全流程应用，利用智能技术加快推动人才培养模式、教学方法改革，探索泛在、灵活、智能的教育教学新环境建设与应用模式。2019年2月，中共中央、国务院印发了《中国教育现代化2035》，要求"充分利用现代信息技术，丰富并创新课程形式"。149智慧教育联盟在此背景下成立，本联盟的成立意在智慧教育生态下学生享受优质教育资源和个性化学习指导，促进学生的个性化发展，提高学生学习效率，开展深度学习，提高学生的综合素养和综合能力。深度学习下的智慧课堂的新型构建、学业的发展和达成、联盟资源的整合、在线活动的开展、城乡学校的交流为学生的综合发展发挥着重要的作用。

第一节　深度学习视域下智慧课堂与学生素养的关系探究

教育信息化已成为教育现代化的重要标志，是我国实现教育现代化、建成教育强国的必由之路。实现智慧教育，意味着重构教育观和教育教学结构，利用信息化、智能化的手段激发现代课堂的生命活力，最终帮助学生形成能适应社会发展和终身发展需要的必备品格和关键能力，成为知识、技能、能力、品性均衡发展的智慧人才。而在基础教育领域，智慧人才的培养，正不断融入各个学科的核心素养培育之中。因此，教育工作者应不断探索在基础教育学科教学中，如何有效利用现代化信息技术手段来构建智慧型课堂，培养学生学科素养、信息素养，从而满足学生今后进一步发展的需求。

一、智慧教育课堂、信息素养、学科素养的共生关系

智慧课堂以崭新的智慧教育理念为指导，是对翻转课堂的重塑和升级，是信息技术与教育深度融合而产生的新型课堂模式，其技术的核心是动态学习下的数据分析和互联网技术的运用。智慧课堂运用云、网、端的服务模式，通过教室各种终端设备的无缝连接和智能化部署信息平台，改变了传统黑板、讲台的空间模式，形成了富有智慧和生机的学习环境。

智慧课堂教学的开展，要求学生具有一定的信息技术知识，能熟练查阅网络信息资源，筛选比对海量信息，从中挑选出符合课程要求和自我需要的课题资源或项目学习资源，并熟练使用基本工具将所得资源整合，再内化为知识与技能。学生在信息的获取与筛选中可建立良好的认知网络，逐步培养出适应个人及社会发展的信息素养。

然而，智慧课堂最终落脚点仍是课程本身。基础教育阶段，利用智慧课堂，教师与学生可深入开展多种交互式教与学模式。教师以学科核心素养为主线，明确教学目标，精细化教学设计，依托智慧课堂开展教学，引导学生合作探索，完成知识的建构。此过程中学生的自主学习能力、学科素养都会得到一定程度的提升。

综上所述，在教育这个生态系统中，智慧课堂以学生信息素养和学科素养的提升为核心目标，利用信息化技术手段，进行基础学科"教与学"课堂新模式的尝试，最终目标是培养学生成为集价值观、行动、思维、创造为一体，知识、技能、能力、品性均衡发展的智慧人才（见图5-1）。此模式以智慧课堂为载体，学生的学科素养与信息素养相互融合、相互补充。在二者共同提升的过程中体现了智慧课堂的价值追求，促进智慧课堂教育正向发展，终而实现三者间的共同发展。

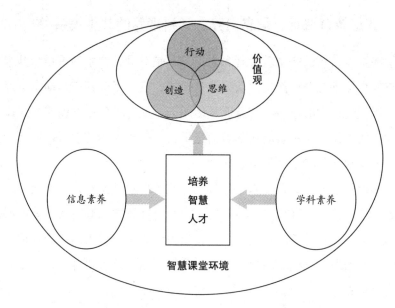

图5-1　智慧教育课堂、信息素养、学科素养共生关系

二、基于三者共生关系的教学模型

（一）构建共生教学模型提升学生综合素养

　　智慧课堂具有技术与学科融合化、师生交流互动立体化、教育决策数据化、学习时空开放化等特点，有助于促进学生综合素质的发展和智慧人才培养。围绕学科素养、信息素养、智慧课堂三者间的融合共生关系，我们从以人为本的教育理念出发，结合深度学习理论和深度学习"4S"学习内容重构策略，从技术设备支持、教-学目标建立、教-学活动设计、教-学评价设计四个方面来对智慧课堂模式进行构建（见图5-2）。该模式包括前期准备、教-学活动组织、教-学评价实施三个阶段，旨在引导学生通过线上线下的交互式学习掌握学科核心知识、培养其批判性思维和解决复杂问题的能力；在整个学习过程中锻炼出坚韧的学习信念，收获丰富的实践体验。同时，将信息技术、网络资源融入线上、线下课堂，在教学开展过程中，实现学生信息素养的不断提升。

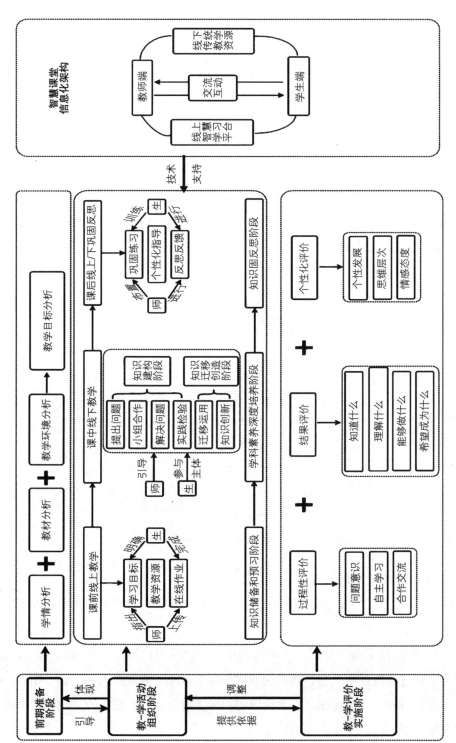

图5-2 指向学生素养达成的智慧课堂教学模式

1. 前期准备阶段

为保证教学的正常开展，教师需对学生学情及心理期待、教材和教学内容（教学重难点）、教学环境和资源等进行前期分析，教师在充分了解学生真实学情的基础上，确定教学目标，根据教学目标制订教学计划、设计课程教学内容及呈现方式，为智慧课堂的开展做好铺垫。

此阶段重点在于教学目标的确定。基于深度学习的教学目标不同于新课程标准教学目标（知识与技能、过程与方法、情感与价值观），侧重于课程教学的广度与深度，精准指向学生深度思考意识的培养，提升其理解、反思、批判能力，更聚焦、更立体。结合智慧课堂的理论与实践，我们将智慧课堂的教学目标设定为知识习得、能力培养和智慧发展三个层次（见图5-3）。这三个层次的目标既彼此独立又相互联系，具有层级性、完整性。

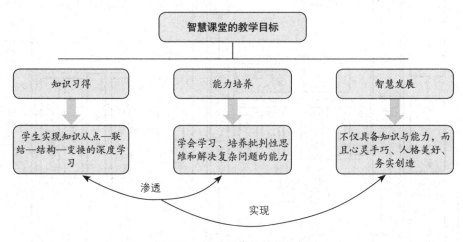

图5-3　智慧课堂的教学目标

2. 教-学活动组织阶段

教-学活动组织主要包括课前线上教学、课中线下教学和课后线上、线下巩固反思三个学习阶段。

（1）课前线上教学阶段。本阶段师生应明确学习目标，包括知识技能与综合素养。通过在线教学平台，教师选取网络教学资源（如同步训练资料、拓展资料、音视频资源等），供学生自主化学习；学生通过学习在线资源，建立基本的思维框架和知识体系，完成知识储备。

（2）课中线下教学阶段。作为学生学科素养培养的重要阶段，教师需围绕教学中的重难点，注重群体指导和个体辅导，由浅入深，逐步引导学生从输入式学习过渡到探究式学习；学生作为教学活动的主要参与者，在教师的指导下，积极思考，主动参与合作探究、个性化学习，强化深度学习意识等。

具体教学实施可分为知识建构阶段和知识迁移与创造阶段。

知识建构阶段是指在已有的学情下，教师设计层级问题，囊括复习前知、激活新知，串联知识，形成体系，再举一反三，拓展延伸等，重思考与评价，帮助学生完成对知识系统的建构。根据问题设计目的和难易程度，鼓励学生理解式学习、反思式学习、合作探究式学习，将个人的智慧、集体的智慧内化为知识经验的习得，再通过课堂练习的方式检验效果，提炼跟进。

知识迁移与创造阶段重在对知识的深度加工。知识迁移的重点在于在已形成的知识体系上嫁接新的具有关联性的知识情境，关注学生在此情景中独立解决问题、融会贯通的能力，关注学生在解决问题过程中的思维力提升，关注学生进一步领悟和思考后，更新自己原有的知识体系，并构建出新的知识体系，加深对新知识的把握和理解，创造出新的成果，实现知识的传承与创新。

（3）课后线上、线下巩固反思阶段。本阶段主要是检验及巩固学生学习效果。通过任务群学习，学生独立思考，认真完成项目作业，强化训练，针对检验；同时，学生也可以通过查阅相关资料或者与同伴交流、研讨，促进深入思考，提升学习实效。而教师则可根据训练完成度、线上问卷调查等，评估学生学习效果和教学效果，调整完善教学设计；学生根据教师的反馈建议，查漏补缺，汲取经验。

3. 教-学评价实施阶段

评价是教学反馈的重要形式，是检验教-学效果的重要手段，可分为过程性、结果性和个性化评价。过程评价主要聚焦到学生在学习过程中的问题意识，自主学习意识及合作交流表现等方面，侧重学生的智能发展；结果评价采用"K（Know）-U（Understand）-D（Do）-B（Be）分析法"，分别从"知道什么""理解什么""能够做什么""希望成为什么"四个维度，对学生学科核心素养、信息素养的达成情况进行系统评价；个性化评价则侧重于呈现学生在深度学习过程中凸显的个性张力、渐进的思维层次、正确的情感、态度和价值观。三种评价交织进行，形成一套全面的评价机制。

4. 配套信息化技术支持

"互联网＋"时代，智慧课堂构建的关键是利用大数据、云计算、物联网和移动互联网等新一代信息技术去打造信息化、智能化的课堂，形成支持智慧教学的课堂环境，进而实现教学全过程的智慧高效课堂。要实现信息技术与学科教学的融合，需要整合与协调智慧课堂内各要素，利用线上智慧学习平台和线下传统教学资源，融入真实、情感、思考的复合式教学情境，加强教师端和学生端的交流互动，培养学生发现问题、分析问题和解决问题的能力，促进学生深度体验，提升学生的信息素养和学科素养。例如，学生利用云课堂完成课前学习任务，就疑难点与教师进行直接的交互式课堂对话，通过统计与分析班级常规数据对学科薄弱点和后期的改进指明方向。因此，对于数据中心的组建就尤为重要。149智慧教育生态联盟通过领航学校，借助腾讯的企业微信平台，就建立了这样的数据中心，对接四区九所中学的数字化校园系统，建立一体化智慧教育大数据体系，打通了各学校、各系统之间的数据孤岛，同时结合物联网、云计算等当前热门技术，建立比数字校园更高程度的智能化数据共建共享应用，满足学校师生对信息化的个性化需求（见图5-4）。

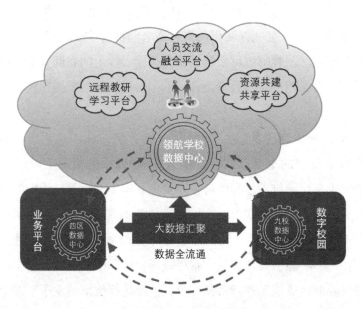

图5-4　149跨区域教育联盟智慧教育大数据体系

149联盟领航学校的数据中心为跨区域学校统筹教育资源、建立协调机制等联动机制的提供关键的支撑作用，通过课程管理、课程选修、在线测评等手段促进了学生学业成长和教师专业发展。数据中心将九校远程教研学习平台、人员交流融合平台、资源共建共享平台进行数据汇聚，实现跨区域智慧教育资源的统筹和数据挖掘，为学校、各业务部门和院系提供分级、分类授权的统计信息报表，从而为各种科学决策提供基础的数据支持（见图5-5）。

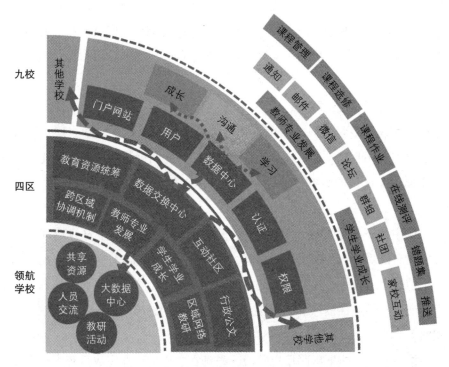

图5-5　149跨区域教育联盟大数据支撑下的智慧管理平台

（二）模型的课程应用

我们以外研社出版的《英语》（第八册）中第四模块语篇"Which English?"为例，本课内容主要探讨英语语言在不同国家、不同地区存在的发音、词汇等方面的差异，具体应用情况如下.

1. 前期准备阶段

"Which English?"的文本篇幅较长，其中有若干生词并穿插了一些学生不太了解的历史或地理知识，知识点多，易错点多，属于重点文本解读篇目。围绕学情和智慧课堂教学模式，我们设计出了三层教学目标，即了解英语种类分支（知识习得），积累有效表达法进行语言输出（能力培养），学会利用思维导图类的工具进行语篇信息整合、思维提升和观点表达（智慧发展），三层目标层层递进且相互融合，最终是实现学生英语学科知识、综合能力、思维智慧的全面发展。具体为从教师的旅行经历导入，将"泰式英语"融入其中，吸引学生兴趣，增加文本话题的趣味性；预习文本时引入思维导图帮助学生理清文章脉络，把握文章大意；同时，利用网络资源，指导学生分组搜集多元网络素材，有意识将易错点巧妙融入其中；最后利用问卷星设计调查问卷，参照学习目标，检测学生预习效果。

2. 教-学活动组织阶段

在课前线上教学阶段，教师根据课标要求，按照智慧课堂三层目标设计思路分解出"Which English?"一课的学习目标，并明确告知学生。利用线上教学资源完成线上设计的简单作业，初步了解本课的知识内容，形成基本的知识框架。

在课中线下教学阶段，利用思维导图设计系统指导学生自我梳理出语篇结构，完成对语篇结构的初步认知理解，训练学生提取和处理关键信息的能力；鼓励学生通过小组合作、探究学习的方式对话难点，定位语篇主旨，培养学生深度思考的能力，创造性设计下一版块（话题作文）的思维导图，参照案例项目，逐一实践。

在课后线上、线下巩固反思阶段，教师在学生的作业完成过程中，利用线上平台，随时掌握学生完成情况，同时可线下进行针对指导、细致点拨，实现学生实践和反思的同步进行。

3. 教-学评价实施阶段

为了检验"Which English?"的教-学效果，可以采用过程评价、结果评价和个性评价三位一体的评价模式。过程评价重在关注学生是否掌握本节课的核心知识（即了解英语种类分支），整个教学过程重在培养学生发现问题、解决问题的深度学习核心能力。结果评价主要关注学生利用思维导图类工具进行语篇信息整合、思维提升和观点表达是否有效，是否对学科素养与信息素养提升起到积极作用。个性化评价则在于小组合作中，观察本节课学生的主动参与意识、把控问题的能力、探讨过程中的思维敏捷度以及对于问题导向的正确认知等，同时锻炼学生团队协作、有效沟通的能力。让学生学会学习并磨炼学习毅力，自我指导学习，树立一种积极的学习态度，实现高效学习。

三、构建智慧课堂教学模式的策略

（一）转变师生教–学理念

基于深度学习的智慧课堂是以学生为主体的集中体现，教学情景的设计、教学流程的推进、教学过程的实施都是围绕学习者进行的。而这就要求教师转变已有的教学思维，加强对学生思维、兴趣、学习基础、行为习惯等的了解与认知，针对选择与重构教学内容，设计符合学生学情的教学思路和问题线索，由易到难，层层深入，以一条问题主线串联起整个教学过程，以点拨的方式激发学生的问题意识，调动学生思维的活跃度，引导学生以思辨的眼光看待问题，批判反思，终而实现学生的深入认识、思考、迁移、创造这四种能力的螺旋上升。教师应深刻认知到：只有引导学生走向深度学习，才能提升学生的思维能力。因此，智慧课堂需坚持以学生为学习主体，教师为设计者、引导者，为学生提供信息环境和信息支持，创设合理的活动情境，从而促使学生主动参与教学活动，完善知识体系，提高自身学习迁移与创新能力。

（二）重构教学设计

在智慧课堂教学中，信息技术与学科教学需实现融合，学生学科素养、信息素养需得到提升，实践操作能力、高阶思维能力需进一步发展，这就要求教师改变传统教学设计模式，分阶段重构与智慧课堂相适应的教学设计。

前期准备阶段。鉴于学情，完善智慧课堂的教学目标设计，前文将智慧课堂的教学目标设定为知识习得、能力培养和智慧发展三个层次。其中，知识习得目标可按照布鲁姆的目标分类详细列举其浅表目标与深层目标，以符合学生认知规律。但在智慧课堂的过程中，教师还需注重课堂生成性，既不脱离教学目标，又摆脱预设目标的限制，培养学生的学习积极性。

教-学活动组织阶段。在教学目标的指引下，教师在进行学习内容设计时，需深入钻研教材，厘清知识点之间的联系，寻求一个主题，遵循从"点—联结—结构—变式"的深度发生机制，完成预习、教学和复习内容设计；按照智慧课堂教学模式（见图5-2）进行结构化组织、模块化架构和网络化呈现，实现知识建构阶段到知识迁移创造阶段的过渡；再通过知识的巩固与反思，丰富学生的认知结构，提升学生的综合素养。

在具体的智慧课堂学习活动开展过程中，教师应全面关注学生学科能力和学科素养的教学，突出学生主体地位，突出活动性和实践性，尤其是通过导学案、微课、自主学习等形式进行前置学习活动，通过知识应用探究和问题解决等形式进行课堂学习活动，以及其他实践形式的探究学习活动，从而让学生在经验生成的过程中，实现知识、能力、情感、思想与价值的深度整合，实现课程学习活动由学科本位到育人本位的发展，助力学生核心素养的发展。

（三）创新评价体系

传统的课堂评价体系侧重于学业水平，显得单一化、扁平化和绝对化，不利于学生个性化发展，不符合因材施教的教育理念。而智慧课堂评价体系更强调综合素养，包含学生思维力、操作力、创新力和价值观等，实际解决了"培养什么人、如何培养人"的问题，符合时代发展的需要。并且此评价体系中，还隐含了对教师的评价，包括师德师风、教学业务水平、思维深广度等，能让教师主动自我反省、提升，从而实现师生双向成长。

我们的研究顺应时代发展趋势，结合深度学习理论和教育生态理论，着力研究了智慧课堂、学生信息素养和学科素养三者之间的共生关系，构建了指向学生素养达成的智慧课堂三阶段的教与学模型；在实践层面提出了具有可操作性的智慧课堂模式达成策略。正所谓"大哉乾坤内，吾道长悠悠"，教育工作者们在未来仍将继续努力，为促进我国教育现代化的进程献出自己的一份力量。

第二节　智慧教育生态下学生学业发展方式的变革

信息技术和人工智能在教育的运用，整合和增加了教育资源，重组了教育生态。教育信息化发展，也给教育提出了新的目标和要求。这些都冲击着传统的教学观念，也影响着学习的各个要素，改变着学业发展的方式。学业，指学习的课业，即学生学习的功课及作业。信息化教学时代，互联网及人工智能赋予了功课及作业新的呈现形式，学业发展方式随之变化，呈现出新的时代特征。

一、智慧教育生态下学生学业发展方式的时代特征

（一）个性化学习

智慧教育生态下，信息大数据平台以学生为中心，通过个性测评分析、个性督学检查、个性学习指导、个性资源推荐等满足学生不同的学习需求，帮助学生探寻自己的看法，从而成为独特的自我。

（二）思维性学习

信息化时代下，学习需要的不只是知识积累，更需要思维的培养，时代需要创新型人才。智慧教育生态下，通过海量学习资源的选择、交互式学习平台下的交流、学习共同体协作式学习，学生能够形成一套自己的思维方式。

（三）情景体验式学习

在信息技术和人工智能的支撑下，智慧教育构建虚拟环境与现实环境相结合的学习环境。学生的学习不再是单一的记忆、练习，而是在创设的情景中体验知识形成的过程，从而建构知识、发展能力、获得感受。

（四）信息技术支撑下的混合式学习

智慧教育生态下，仅从教师和课本上学习知识是不够的，信息平台的学习资料更加丰富，人工智能学习工具下的学习反馈更加准确、及时，学习场地更加宽阔不受限制。这种线上、线下混合式学习将更加便捷高效。

二、智慧教育生态下学生学业发展方式的变革

（一）由"标准化"学习向个性化学习转变

现行教学体制下，适龄学生入学后会被编入预定的班级。一个班级的学生人数一般为40～50，部分班级人数可能会更多，教学班级呈现一定的规模化。在班级学习中，学什么、怎么学、什么时候学，如何检验学习结果，怎样查漏补缺，都有统一的安排与规定的动作。这样学习的最后结果是所有学生都能统一达到标准要求，具有同样的学业水平。学生接受同一套知识体系，缺少独立思考的时间和空间，这样的学习会导致学生出现同质化，不能满足信息时代创新型人才的发展需求。

大数据背景下在线学习，可以针对不同学习风格的学习者，为其提供基于个体学习行为偏好的在线学习服务，实现学习途径个性化。

大数据中心会记录下所有学生的个体行为、个体学习情况、个体学情报告、个体互动报告。根据记录下的学生知识掌握情况、认知特征、学习风格等，资源平台按照最合适的速度为他们单独授课。多样化的在线资源、智能化的问题解答也能使每位学生都可以在人工智能的帮助下根据自己的学习情况挑选合适的学习内容，按照自己的学习节奏进行自适应学习。在线学习平台的差异化服务下，每一个学习者都能得到独有的测评分析、督学检查、学习指导、资源推荐。基于数据的精准学习满足了不同学习者的个性化需求，从而达到更好的学习效果。

（二）由注重积累知识的学习到注重思维的深度学习

在长期的教育观念里，学习就是朗读、记忆，积累知识，学习就是理解抽象知识。谁积累的知识越多、理解越深，谁能把课本知识用熟练，考试分数高，谁就是学习中的佼佼者。因此，阅读、听讲，强化记忆和背诵，理解抽象知识，反复"刷题"练习，整理纠错集（典题本）等被视为最有效的学习方法。这种"记忆、理解"认知思维处于学习低阶思维层次，只能给予学生认识世界的本领，却给予不了学生改造世界的本领和创造性完成任务的能力。对学生的学习，要站在"应用、分析、评价、创造"的认知高度，立足于培养问题解决、批判性思维和

创造性思维等高阶思维。

信息化时代，比拥有知识更重要的是运用知识。互联网大数据下，知识的更新速度加快，强调知识积累、仅靠死记硬背很显然已经不符合时代发展。这就需要从记忆背诵中脱离出来，着力培养学生良好的价值取向、较好的思维品质和较强的思维能力，帮助学生形成应对未知挑战的能力。

智慧教育生态下，联盟学校共同组成共建共享的资源库，包含数字化教育资源、在线课程、特色教育资源等。在海量的学习资源信息下，学习者将更加需要对学习对象进行深加工、归纳提炼、总结方法，建立一套自己的思维方式。因此，学习将更加注重思维的培养，进行深度学习。

（三）由知识接收式学习到情景体验式学习

因为客观条件的限制，长期以来学习主要由教师教授，学生通过听、看、记、练等方式储存知识。学习的进度、练习的作业、知识掌握程度的评估以及下一步如何学习等都依赖于教师。在这样的学习中，学生处于被动接受知识的地位，缺乏有情感的主动参与，缺少自觉的认知，学习的获得感、体验感较低，不能很好地提高认识并转化成智慧。学习方式枯燥、机械、单一，与生活实际缺少联系，难以在学生头脑中留下深刻的印象，不能很好地培养学生的思维能力，学习效果受到很大影响。

"深刻的教育来自学习者深刻的体验。"体验式教学以学习者为中心，通过创设实际的或重复经历的情景机会，呈现、再现或还原教学内容，学生带着自己的知识、经验、灵感、兴致参与课堂活动，在经历的过程中体验情感、建构知识、发展能力、获得感受、生成意义，提高认识并转化成智慧，最终形成自己丰富的精神世界。

智慧教育生态下，信息技术为学习者提供了丰富的资源活动和学习技术支撑。超高清远程直播能让学生体验集体学习，也能感受到面对面的个别学习；全息立体显示让学生在教室中就能感受真实场景；虚拟实验室能让学生在虚拟空间里完成实验操作；智能穿戴让学生在游戏中体验知识。在信息技术支持下，教育技术应用场景发生颠覆性的改变，如同步智能教室、虚拟实验室、（个人辅助）课堂应用、机器人教育或人机协同教学等。

信息技术支撑下的学习环境，让知识学习和鲜活的实践体验结合起来，学习变得轻松、更容易投入，也更有效。在这种情形下，教师主要是充当主管、中介、导师和顾问，成为学习行为的引导者，学习氛围的营造者。

（四）由固定单一的线下学习到信息技术支持下的混合式学习

受物质条件和技术条件的限制，学生的学习主要是从教师和课本那里获得知识，再通过书面作业及训练测试加深对知识的理解。学习资料大都是统一印刷，书面作业统一在本子上完成，通过教师手动批阅反馈学习结果，再后进入下一步学习。这种"刀耕火种"式的教学方式单一，内容枯燥，学生容易产生倦怠感，学习结果反馈速度缓慢，效率低下。学生抬头听讲，埋头笔记做题，学习交流不足，难以实现思维的突破。学生的学习基本上被固定在学校。

智慧教育生态下，教师、资源、教学、管理都融入了联盟资源平台，学生通过信息平台可以获得所有想要的知识，学生的学习资料、完成作业都可以在电脑、平板、交互式白板等学习工具上面完成。任何人在任何时间、任何地点（教室、校园、家庭）通过任何方式任何设备（如电脑、平板、交互式白板等）都可以进入资源平台获得学习资源，发生学习行为，使学习无处不在。在工具的辅助下，人机互动，学习将更加便捷且高效。

智慧教育联盟组织的在线走校、学科节、社团活动等一系列活动，学生可以通过网络专属入口报名申请，进行在线学习、互动交流。在参与线上、线下互动中，学习者与其他同学建立伙伴关系，形成学生学习共同体，这大大增加了学习的参与度，提升了学习效果。

技术支撑下的交互式学习，课堂为主阵地，在线教育作为有益补充和支撑。网络使优质资源普及，学生自主选择优秀教师和感兴趣的课程，大数据实现对学习过程的精准检测与调控。学习者就是学习网络的连接者、学习内容的创造者、学习体系的建构者。

三、实践案例：智慧教育联盟在线双师课下的学习

149智慧教育联盟学校开展选课走校活动，如大英中学的学生通过联盟共享平台可以选择双流中学的教师任教的课程。进行课堂教学时，由双流中学的教师

和大英中学的教师合作，完成在线双师课堂教学。笔者以大英中学为例进行课堂教学的分析。

课前是学生自主预习。学生自主梳理课本，了解本课主要知识，完成预习任务。对不理解的知识点，学生可以在联盟资源共享平台上选择并观看视频及微课。资源平台有重点知识讲解、难点分析、实验操作视频、音频等海量的资源供学生选择。知识预习完成后，平台推送小练习检测预习效果。测验的结果同时也发送给授课教师。测试结束后，学生还可以自由搜看自己感兴趣的与本课内容相关的内容。

本环节遵循了先学后教的教育理念，培养学生自主学习的能力。通过本环节的学习活动，学生对将要学习的内容有了粗略印象，形成了初步思维。资源平台准确、高效地整理了学生预习问题，使得课堂教学更有针对性。微课、视频的选择，既满足了学生兴趣需求，彰显了学生的个性，还提升了学生对知识的认识，拓展了学生的视野。在预习环节中，学生的每一个选择、每一步学习痕迹，资源平台上都会留下记录。这种人机互动、带有个性化的自主预习，为课堂上进一步的学习做好了充分准备。

课堂由双流中学授课教师、学生线上课堂和大英中学的授课教师、学习线下课堂共同组成。上课时，大英中学学生到达指定的学科教室，在大英中学学科教师的组织下进行分组，做好课堂准备。通过远程学习平台与高清视频，大英中学学生与双流中学以及其他学校的学生一起在线同堂上课，由双流中学教师在线授课。

课堂上，大英中学学生同双流中学学生一起在线参加双流中学教师组织的教学活动，聆听双流中学教师的知识讲授、思路分析，思考教师提出的问题。在课堂探究环节，学生在大英中学教师的组织下，与学习小组成员线下讨论课堂探究点，并把讨论结果上传到联盟平台展示，与学生分享小组探究结果。课堂最后在教师带领下小结本节课所学的知识。课堂结束，大英中学教师线下组织学生讨论课堂收获，交流学习心得。

双流中学教师的课堂教学目标设置从学生已有知识经验出发，注重解决学生预习反馈的问题，创设学习情境，教学设计注重学生体验。学生在课堂探究时互动交流，形成思维碰撞，突破了认识。在合作学习中，学生收获了知识，也收获了情感。在课堂小结中，学生搭建起了知识框架，形成了知识链接。该环节体现了学生觉知、调和、归纳、迁移的认知过程，形成了思维，也充分体现出了教师的主导性和学生的主体性。

课后进行知识巩固、拓展、延伸。学生自主完成联盟资源平台推送的课后练习。完成练习后，学生可以查看联盟平台单独推送的个人拓展资料。这些资料是大数据平台依据学生课前搜索、课堂表现及课后练习完成情况单独推送的。学生可以通过联盟平台学习论坛、QQ群等与本课、本学科的学习爱好者交流讨论，还可以共同组织、参加学科社团活动。

课后环节巩固练习和拓展资料的精准推送，在人工智能帮助下完成查漏补缺，照顾了学生学习的薄弱环节，也尊重了学生的兴趣爱好，这种个性化作业满足了学生的需求，大大提高了学习效率。在论坛讨论、社团活动等的协作学习下，学生拓展了认知，提升了能力，收获了感悟，收到了良好的学习效果（见图5-6）。

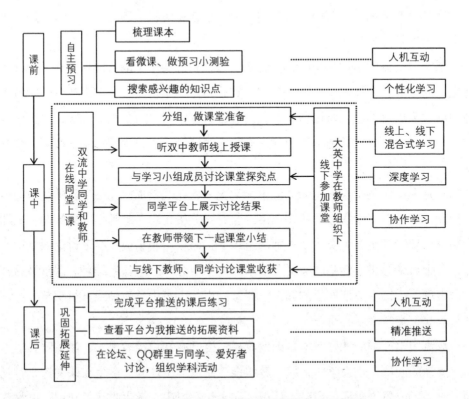

图5-6 智慧教育生态下在线双师课案例示意图

第三节　智慧教育中学生的自主交互式可控课堂

智慧教育在我国推行已近十年，其中现代信息技术的运用使课堂结构、形式多元化，但在智慧教育实践中还存在资源建设不足、教师信息技术运用不足、教学策略运用不佳等问题。构建自主交互式可控课堂能有效扩充智慧教育资源，促进信息技术在智慧教育中的运用，改善教学策略。

一、智慧教育实践现状

郑庆华在《智慧教育研究现状与发展趋势》中指出：智慧教育是基于新一代信息技术的教育信息化新范式，旨在通过教学、管理、评估、决策等教育全过程涉及的资源、行为、情境、管理等教育大数据进行挖掘、分析、融合，建立具有智能导学、精准推荐、精细评价等特点的学习生态系统。个人电脑出现后，教育信息化进入了教育资源数字化、教育管理信息化的时代；互联网的出现，教育信息化进入了网络化时代，使远程教育、在线教育成为可能；移动网络、人工智能、云计算、大数据等技术的出现使教育信息化呈现出智能化、泛在化、个性化、开放化、协同化的趋势。智慧教育也在教育信息化发展过程中快速发展。有关智慧教育的研究从理论到技术方案再到实践应用都有涉及，但从研究情况看有"重理论轻应用"的表现，在实践应用方面明显存在智慧教育资源建设不足、教师信息技术运用不足、教学策略运用不佳等问题。

二、自主交互式可控课堂实践

智慧教育实践是智慧教育落地推动教育发展的具体呈现。从教育生态角度出发智慧教育实践应充分体现人本化与自主性、开放性与交互性、多元性与适切性。

（一）自主交互式可控课堂界定

1. 自主性课堂

在心理学中自主是指遇事有主见，能对自己的行为负责。在自主交互式可控课堂中自主体现为学生对学习内容的自主选择和学生可自主选择指导教师。教育生态系统是一个自组织系统，每一个学生的自我发展是教育生态因子自我生长的体现。智慧教育实践关注人本化与自主性是促使智慧教育生态自循环的前提。

学生对学习内容的自主选择体现为智慧学习的内容可选和智慧学习内容的层级可选。在课堂资源构建时注重资源的多元化、同类资源的多层级化，使学生可以根据自身的兴趣、爱好和学习目标自主选择所需学习的内容和内容的难度。

学生可自主选择指导教师。学生可根据自己的学习习惯、学习兴趣偏好和教师教学风格选择自己中意的指导教师。149联盟教育生态涵盖九所学校，推行网上走班制，每一学科教师人数众多。每一位教师可以对教学内容设计出不同层次、不同要求的多元化教学资源从而使教育生态的生态链多元化，同时拓宽学生生态位宽度。学生作为生态因子处于相应的教育生态系统中既能拥有广阔的生态位，同时也可选择自己的生态链。

2. 交互式课堂

在自主交互式可控课堂中，自主交互体现为学生与学生、学生与学习资源、学生与教师之间的双向互动交流。学生的学习状态积极主动，不是被动接受和填鸭式的灌输。自主交互具体包括人机交互、人与人交互（学生间交互、师生间交互）、人与平台（网络）交互。

在教育生态中，作为生态环境的教育资料应力求能使学生从中获得对自身发展有益的全面的资源。通过人机交互、人与平台（网络）交互可以及时有效地扩充教育生态的广度，从而为学生提供优良的教育资源。同时，通过人机交互、人与网络交互内容的设置让学生明确学习的知识、能力、素养要求，激发学习激情。

在教育生态中，每位学生、每位教师作为生态因子，他们之间的关系不是"食物链"的关系而是共生共荣的良性竞争关系。学生间交互学习、教师的教学引导、师生间的交互既能促进学生学业的提升，也能促进教师教育教学专业知识的提升，是生态因子的生态位拓宽的体现，也是形成良好教育生态的助推剂。

3. 可控式课堂

自主交互式可控课堂，表现为学生对学习内容可控，学生对学习目标可控，教师对学习过程宏观可控。

在学习过程中，学生的兴趣爱好、学习基础、人生规划各不相同，学生根据自身情况可自主控制学习内容的选择、学习目标的层级要求，这些正是教学中以人为本的体现。由于学校教育在实施过程中对相应内容有基本要求和基本目标，因此在教学实践中教师又必须在学生学习过程进行引导，完成学校教育的基本要求，实现基本目标，即教师对学生学习过程必须宏观可控。

（二）课堂环境构建实践

1. 学习内容微课库的构建

学习内容微课库在构建时将学生学习内容分为：学业水平级微课、科普级微课、高考水平级微课、强基计划级微课四个层次。学业水平级微课主要涉及学习内容的基本知识和学业水平考试中对学生能力要求的培养。科普级微课是对学习内容在生产、生活、科技、环保等方面的运用的科普性介绍。高考水平级微课是在学业水平级微课的基础上拓展该内容的深度和广度，并引入高考要求内容，培养学生在高一级学校学习的基础。强基计划级微课是在高考水平级微课的基础之上引导学生进一步探讨高一级学校对该内容的能力要求项目，培养学生探究能力。同一知识设置四个层级的微课资源，学生可以根据自身情况选择学习内容和学习知识的层级（见图5-7）。

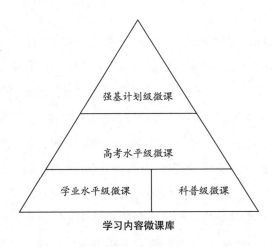

图5-7 学习内容微课库的构建

2. 课堂交互的设置

学习内容微课库是课堂建设的核心，学生与微课库的交互是学习内容微课库为学生推送学习内容的依据。

自主交互式可控课堂的交互分为选择性交互和知识、能力、素养检测交互两类。学生通过科目选择、章节选择、是否升级学习等选择性交互与学习内容微课库交互，学习内容微课库根据学生选择推送学业水平级微课或高考水平级微课或强基计划级微课。每一层级微课学完都将进入知识、能力、素养检测交互，根据交互结果设置三个通道："不达标"则循环上一级微课，"自愿重学"则无论达标与否都循环上一级微课，"达标"则表明前一级微课学习已通过检测将进行是否升级学习交互。如果学生在此终止学习，系统记录下学习位置以便下次继续从知识、能力、素养检测交互开始学习。是否升级学习交互设置两个通道："否"则不升级学习，学习内容微课库将强制推送科普级微课后结束学习；"是"将进入下一级学习。如果学生在此终止学习系统记录下学习位置下次学习从是否升级学习交互开始。其中不达标循环上一级微课、不升级学习强制推送科普级微课体现出教师对学习过程的宏观可控。其他选择则体现出学生的自主选择性和学生对学习内容、学习层级的可控（见图5-8）。

3. 学习环节的安排

无论哪一层级的微课都采用"121深度学习"教学设计模式，即学生先自主学习再由教师对学生自主学习不能解决的问题进行引导、分析、讲解，最后由学生自主巩固学习。课堂时间分配：自主学习时间25%、教师引导时间50%、学生自主巩固时间25%。学生自主学习按时间先后分为独学、自学检测、对学、群学和小组展示。独学，是指学生独立自主学习；自学检测，是指在独学后对学习效果的检测；对学，指针对自学检测中不达标的问题由两位同桌的学生一起进行协作探究学习；群学，指小组内对认领的探究学习内容相互探讨；小组展示，是指小组内选派组员对探究结果进行展示。教师引导主要针对小组群学不能解决的问题进行引导、分析、讲解。学生巩固学习是指学生先对课堂学习内容、思维方法进行归纳总结后进行巩固练习。

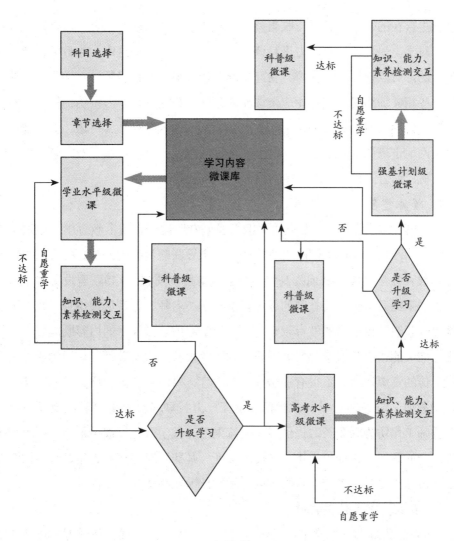

图5-8　课堂交互的设置

（三）教学资源平台建设的实践

1. 149联盟共享资源建设

149联盟九校联动机制为学习内容微课库内容的个性化、多样化提供保证。在九校联动机制的协同下，九所学校都组织自己的师资力量分别制作学业水平级微课、高考水平级微课、强基计划级微课、科普级微课。这不但丰富了教学资源，而且还增加了学生学习内容的选择面。149联盟组建了教师工作坊，对各学科中学生存在的疑难问题进行收集整理；对各个学科的核心素养、核心知识进行分析；对学生缺乏的核心能力进行调研，建立学生学习信息库。为教师备课、教学设计的针对点提供有力支撑，在此基础上联盟组织各校名师针对学生存在的问题出一些相关训练题和建立相应微课库，为学生自主选择学习资源提供丰富的备选方案。同时，149联盟组织各学科名师就学科内学习的热点问题、重、难点问题推出网上走班课，众多名师同时上同内容的网课，不但提供了及时解决学生问题的契机，而且还可以实现学生对教师的自主选择。

2. 资源整合

149联盟特聘西南大学专家团队组织线上专题讨论、线上教育学、心理学培训、线上课改培训、线上问题交流等活动，指导联盟学校的教师，提升联盟学校教师的教育教学技能，从而提高学习内容微课库的质量。149联盟设置"三师"联动机制来提升联盟学校教师的教育教学水平。名师工作室从理论与实践并重的角度提升联盟学校教师的教育教学水平，使学习内容微课库的内容既能契合学科课程标准又能适应学生学习发展规律。联盟各校参与联盟教师工作坊的成员负责本校上传的资源审核，不得有违法违纪的内容，要注重资源的质量并积极参与九校联动教研、学科节、学科教学信息交流、九校联考试卷题命卷制及评卷等活动。教师工作坊为联盟及时提供经验交流渠道、教学效果反馈结果为学习内容微课库内容的调整、再加工提供了必要的保证。师徒结对定点对青年教师培训既发展了联盟师资力量，也为学习内容微课库的长远发展做好了准备。

3. 线上、线下融合共建

149联盟智慧教育课堂建设以学生自主学习为主。在线下教学课堂环节，学生的独学、对学、群学及巩固学习过程教师全程巡视，如发现学生学习问题及时引导。在线上课堂，学生可通过"抢麦"功能向教师提问，教师对普遍性问题集中在线上课堂解答，对个别性问题课后利用钉钉群、QQ群、微信群单独回答。学生在线上课后有问题可通过钉钉群、QQ群、微信群向教师提问，教师择机解答学生问题。实现了线上、线下个性化指导。

149联盟定期开展学科节活动，将联盟中同科教师和部分学生聚集起来开展示范课、研究课、学生交流、师生交流活动，融洽共建高质课堂。

通过精心设计学习内容微课库149联盟智慧教育生态拥有了丰富的个性化教

育教学资源。自主交互可控课堂尊重学生的认知水平和个性特点，教学策略得到进一步优化。教师在微课制作中不但提升了自身教育教学水平也提升了信息技术运用能力。教师在"三师"联动机制中不断学习、不断发展，从而提升了专业素养。自主交互可控课堂的建设以生为本，将现代信息技术融入课堂，关注学生个性化发展与学校教育内容的基本要求、基本目标的调和，为教师智慧教育实践提供了一条路径。

第四节　智慧教育生态下的在线联动公益活动

众所周知，公益即公共的利益。公益活动是为了社会大众公共利益开展的行善之举，是公益组织或个人为解决社会问题、保护环境、帮助弱者、抵抗自然灾害等过程中组织的捐钱、捐物以及宣传等系列活动；其宗旨有服务社会、保护环境、帮助他人、紧急援助等多维内涵。同时，立德树人是中国特色社会主义教育事业的根本任务。"国无德不兴，人无德不立。"立德树人就是要培养维护社会公众公共利益的人才；就是要提倡学生参与公益活动，提高其服务社会的意识和素养；就是要倡导学生参与社会生活，帮助需要帮助的人。所以，积极开展和创新教育教学中的公益活动，是立德树人教育教学理念的应有之义。

我们积极利用网络平台，联盟学校开展跨校在线联动的公益活动，一方面将公益活动深入到教育教学中，另一方面尝试利用信息化手段，提高学生对公益活动的认知和参与热情，不断优化智慧教育的生态格局，并产生积极的影响。

一、跨校班会，增强公益认识

由于城乡教育环境的差异，不同地域学生的公益认识基础存在差异，所以加强城乡学校、不同区域的教育联动公益活动有利于提升学生对公益知识的了解，提高其公益素养，帮助他们树立正确的价值观。教育信息化2.0时代已经到来，智慧教育逐渐兴起，"互联网＋公益＋教育"的跨校联动公益活动有了得以实现的技术支持。在具体实施之前，149联盟通过跨校班会，增强学生对公益、公益活动的认知。例如，联盟学校借助腾讯课堂平台发起了一系列以宣传公益活动为主题的在线网络直播班会活动，这些活动由联盟学校轮流主持，分阶段开展。

第一阶段，初识公益。本阶段可以选择联盟学校中有参与公益活动经验的教师在线上对全联盟学校的学生开展一次介绍公益活动的讲座，详细向学生介绍公益活动的概念、参与公益活动的意义、目前我国公益活动开展的情况等。目的在于让学生了解公益基本知识，感受身边的公益活动。

第二阶段，生活中的公益。本阶段首先由各联盟学校在学生中发起收集分享电视、网络上典型的公益小视频的活动，每位学生挑选一则令自己印象最为深刻的公益广告视频，并写出观后感。各学校组织筛选一位认识深刻的同学在联盟直播班会中，向所有联盟学校的同学分享自己收集的公益广告视频和自己的感受。

第三阶段，在联盟学校中开展公益广告设计活动。联盟学校每个班至少创作一幅公益海报、一幅公益手抄报，每个学校至少拍摄一个公益视频。主题自定，可以是救助灾害、扶助残疾人、关心留守儿童及留守老年人、环境保护、社会公共设施建设、促进社会发展和进步的社会公共福利事业等。联盟选择一个在线展示平台，各学校将作品在平台上展示，并设投票环节，联盟学校组织评委对作品进行打分，最后根据评委打分和网上投票的综合成绩，选出优秀作品，并为作者和指导老师颁奖。这些优秀作品也可以择机参加其他公益活动的投稿。

第四阶段，开展公益知识有奖问答。由主持学校（如双流中学）设计一些关于公益活动的知识问题，然后由联盟学校全体师生在线上定时作答，为优胜者颁奖，鼓励大家了解更多的公益活动。

第五阶段，我们的公益计划。本阶段是整个系列活动的最终目的，即由联盟开展具体的公益活动，并制订详细的计划。引导学生作为主体是对学生进行公益教育的有力手段，先在各联盟学校安排一次以"我的公益策划"为主题的征集活动，然后各学校在征集稿中选择可行性高、意义显著的策划，在联盟学校中实施。

二、共创活动，增强公益实践

学生参与公益活动，本身就属于一种社会实践活动。基于"互联网＋公益＋教育"的跨校联动公益活动，让多校学生共同参与，共同创造，才能让公益活动的效益最大化。

例如，联盟学校共同开展了"多校共举，用环保助力扶贫攻坚"的教育公益活动。首先，由联盟学校中的一所学校（乐至中学）牵头，拟订活动方案，通过联盟网络平台公布方案，并与联盟其他学校交流讨论活动实施的可行性，最后形成联盟教育公益活动总方案。线下，各校结合校情、学情，通过班会、全校主题宣讲等形式号召师生参与，营造活动氛围。然后，各校择时以班级为单位，安排学生将收集到的废旧书报、废纸等分类整理，交由新华文轩分公司工作人员过秤并记录，然后统一装车运走。回收的废旧书报、废纸由新华文轩分公司送到造纸厂、印刷厂，进行再生产，重新利用，由此产生的收入用于扶贫公益事业。各校在活动开展过程中，注意过程资料（纸质、音视频）的收集，利用多媒体信息技术，在线播放联盟学校的活动片段或场景；并集中时间，通过网络平台，在联盟学校间开展经验交流、表彰先进、亮点回顾等主题活动。比如，各校可以将开展活动中的优秀经验，通过网络会议的形式分享出来；也可以以联盟的名义，表彰一批在活动中表现突出的学生；还可以通过当事人访谈、交流汇报等形式，利用网络视频等途径，在联盟学校巡回展示，扩大活动影响。

"践行绿色发展理念，倡导绿色生活，助力扶贫攻坚"是本次联盟在线联动公益活动的主题。在实践过程中，我们充分发挥了联盟线上平台在覆盖面、时效性等方面的优势，及时开展方案研讨、活动反馈与总结等工作，最大限度地彰显了线上公益教育教学的价值，充分与线下融合，充分调动了学生的参与热情，深化了活动的意义，同时为联盟在线联动系列公益活动的后续实践提供了经验。

三、信息分享，拓展公益视野

当下是一个信息时代。信息分享的时效性与价值性将直接影响到各项工作开展的质量。同时，我们也要清醒地认识到，公益活动的范畴、内容、方式众多，联盟内的某所学校不可能仅凭一己之力就能将公益活动的价值最大化地挖掘出来，因而，联盟学校间需要不断展开交流学习，将各自在公益活动开展中的经验教训分享出来。这样坚持做下去，一是会拓宽学生的公益视野；二是有利于信息流通，便于各校开展互动性的信息分析，进而增进整个智慧教育联盟公益活动的整体效益。

例如，中学生属于未成年人，在经济、行事等方面还没有完全的独立性，因而，公益活动主题的选择颇有讲究。活动主题的选择，不能仅仅依靠各校的经验预设，而应该尊重学生的意愿，从学生的真实需求出发，各校需要通过调研学情后，再结合社会的发展趋势综合研判。开展调研的过程就是各校互通信息的过程，可以对学生产生积极的暗示，正向引导他们思考公益活动与自我、身边生活等的关联，进而帮助他们打开新的学习思路，形成新的认知体验。

另外，如何提升学生参与公益活动的热情，并将这份热情持续地保持下去；如何在公益活动中搭建高效的组织架构，人员格局，保证活动的有效开展；如何确保公益活动中学生的参与实践度及实际收获感……这些话题，直接影响到公益活动的品质，也就常常成为联盟在线联动公益研讨的话题。话题探讨中，联盟各校的思维在不断碰撞。每所联盟学校都会结合自己学校的实情，从海量信息中汲取丰富的养料。线下，每所联盟学校都在积极行动，在行动中贡献着自己的智慧；线上，通过网络平台，每所联盟学校都会释放并扩大这种智慧的影响力，助力智慧教育联盟公益活动的发展。

四、城乡互动，助力"公益"兴农

2020年是我国决胜全面建成小康社会、决战脱贫攻坚之年。习近平总书记指出："脱贫摘帽不是终点，而是新生活、新奋斗的起点。"[1]乡村振兴是我国农村发展的新战略，农村教育的振兴也是乡村振兴的重要组成部分，联盟学校中的城市中学与农村中学，城市教师与农村教师，城市学生与农村学生在教学理念、教学方式、学习方法、视野等方面肯定存在差异，为此联盟学校的公益活动应该加强城乡学校的实际互动，让城里学生到农村体验生活，农村学生到城里感受生活，通过一些公益活动的开展宣传乡村振兴战略，助力乡村振兴。

以乡村振兴为主题的公益活动可以分为以下部分：第一部分，城乡学生线上交流。主持教师或学生首先向同学们介绍我国农村建设的政策方针，新农村建设脱贫攻坚给农村带来的变化以及乡村振兴的美好愿景。城市学生可以提出

---

① 习近平总书记2021年2月25日在全国脱贫攻坚总结表彰大会上的讲话。https://www.chinanews.com.cn/gn/2021/02-25/9418938.shtml.

一些想了解的农村问题以及农村的生活情况等，然后农村学生一一介绍。农村学生也可以向城市学生提一些问题，由城市学生回答。本部分的目的主要是通过交流的方式宣传国家乡村振兴战略的和农村建设取得的成就，拉近城乡学生的心理距离。第二部分，制订以乡村振兴为主题的农村公益项目。组建跨校公益项目小组，并推选出团队负责人和骨干，每个小组成员均要有城市学生和农村学生，小组建QQ群或微信群加强团队成员的相互了解，选择假期到农村实地考察参观，为确定公益项目做准备。比如，选择以农产品为主题的公益活动，乐至县被称为"桑城"，到乐至的公益团队可以围绕蚕桑为主题设计公益活动；大英县的特产有陆地长绒棉，那么公益团队可以选择棉花的生产为主题进行公益活动的设计，以此类推。也可以选择文化类的活动主题，乐至县又被称为"帅乡"，是陈毅元帅的家乡，可以主打红色文化，大英卓筒井深钻汲制工艺被称为"中国古代第五大发明"，是机械钻井的典范，可以主打钻井制盐文化。团队确定好活动主题后，立即相互协作制订出活动计划，请教师进行指导，并联系当地相关负责人，确保活动可行。第三部分，公益活动的实施。学生参与助农公益主要以公益宣传为主，如今网络和自媒体发展迅速，本类公益活动主要利用手机、摄像机等工具以制作小视频、情景剧、摄影集等方式开展，最后将这些作品在联盟学校间循环展示，并在网上进行专题发布，扩大乡村振兴的影响力，让学生近距离、直观地感受农村新生活，有助于学生理解党中央的助农政策，树立正确的人生观和价值观。

网络正改变着我们每个人的生活。作为教育者的我们，不能对这种改变视而不见，我们要正视并积极利用网络平台，通过联盟线上公益活动，不断发挥网络线上育人的互动性、时效性等积极作用，在更为丰富多元的教育教学参与体验中，让学生更为高效地学习成长，使线上联动式公益活动成为落实立德树人教育教学理念的重要抓手与契机。

毋庸置疑，教育教学改革的一个重要的着力点与归宿点便是学生的发展。智慧教育教学理念会给学生的发展带来积极的影响与改变，我们通过实践，利用教育联盟的平台优势，积极发挥智慧教育教学、深度学习等理论的指导优势，在学生学习、成长方面探索出诸多行之有效的路径。

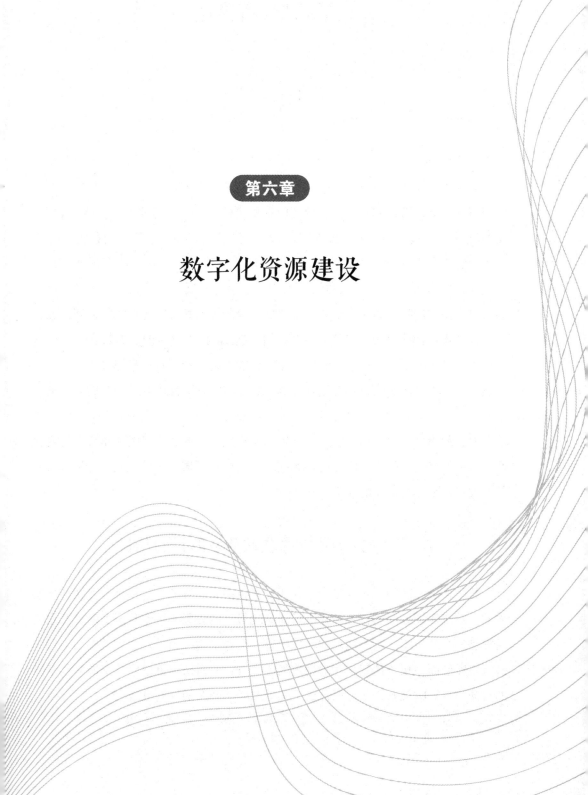

第六章

数字化资源建设

党的十九大报告指出，"中国特色社会主义进入了新时代"，并提出要"办好网络教育"，这标志着我国的教育信息化建设进入了"新时代"——教育信息化2.0时代。与过去传统信息技术推动的教育信息化1.0不同，教育信息化2.0是由人工智能为核心的新一代信息技术来创新推动。教育部在2018年4月发布《教育信息化2.0行动计划》，说明现阶段的教育信息化发展不是可做或不可做、可多做或可少做的选择，而是更加具有战略性和全局性的意义，已成为推动我国教育系统性变革的内生变量。基于web 2.0等传统信息技术支持的智慧教育也将由网络化和信息化全面转向智能化和智慧化。尽管传统的数字资源形态多样化、数据海量化，却难以无缝支持具有泛在性的智慧学习活动、深度互动与智能开放的智慧教学活动，不利于智慧学习者的培养。各校均集中物力、人力和财力进行资源的开发，却因学校教师精力和能力问题举步维艰。因此，为了进一步推动信息化建设水平的提高和解决各学校的现实困境，进行跨区域、多校区数字化资源联动的开发与共享具有重要的意义。

第一节　数字化资源联动开发的目的与目标

数字化资源联动开发，是为了在开发过程中有所导向，为整个开发团队指明方向。只有保证方向的正确，才有可能达到最终的效果。数字化资源联动开发的目标是整个开发团队所有达成的具体内容。总体来说，目的注重理论层面，目标注重实践层面。在总体架构相对稳定的前提下，只有协调好数字化资源联动开发的目的与目标的关系，才能保证数字化资源联动开发的顺利进行。

一、数字化资源联动开发的目的

数字化资源联动开发的优势在于能突破学校信息化发展瓶颈，解决目前教育信息化深入发展的主要矛盾和问题，有效缩小学校之间的差距，实现教育均衡发展。数字化资源联动开发不仅仅在课堂教学环节对信息技术手段的深度应用起着支撑作用，还可以在学生的知识理解和内化过程中对深度学习和深度参与起到辅助作用。

（一）技术赋能，加快信息化水平进程

信息技术的持续发展和深化应用为课堂教学改革提供了坚实的硬件基础。课堂教学资源的形式经历了信息化、数字化、智能化等阶段，至今仍在资源匹配形式不断升级的路上。[①] 因受技术、功能等诸多因素的影响，传统的教育资源设计大多是教师将纸质教材上的知识"搬"到课件类资源形成的，能对学生学习效果进行检测评价的资源则相对较少。我们将先进信息技术手段和先进教学理念进行有机结合后，再将联动开发的资源集中存储在共享服务器远程平台上，对数字化资源联动建设公共服务平台的搭建机制有促进作用；也可以通过大数据平台采集联动开发资源应用情况，以便及时反馈应用效果。

（二）人员融合，缩小校际间教师能力差距

数字化资源联动开发能够整合学校教育教学改革核心骨干力量。通过网络化教学研讨和教研活动等丰富的形式，联盟校际教师足不出户便能学习到优秀的教育教学经验和较新的教育教学理念。参与联盟的各校教师可以对标先进，以师徒结对和跨学科整合等方式进行学习，并将所学应用于自己的课堂教学实践中。

数字化资源联动开发以建立联盟校际间良好的合作机制为基础，搭建联盟学校教师交流互动的平台，其价值在于缩小校际间教师的能力差距。数字化资源联动开发还可以培养参与教师间良好的共建共享意识。[②] 联动开发和共同享用意识

---

① 杨增崇，张明达.信息技术融合创新背景下大中小学思想政治理论课资源共建共享论析[J].思想理论教育，2020（6）：65-70.
② 戴学琼.精品课程资源共建共享研究与实践[D].长沙：湖南大学，2010.

的形成，让参与教师体会到自己不仅是资源的提供者，也是资源的利用者。

（三）资源共享，促进资源共生发展

"共享"一词，最早出自《东周列国志》。[①]共享理念也初见雏形。资源共享最确切的含义是互惠。具有共享资源的意愿是开展资源共享的基础。教育资源共享能够产生资源的放大效应，充分发挥教育资源的聚集效应和辐射效应，从而提升教育质量。

数字化资源联动开发不仅可以补充资源在量方面的不足，特别是弥补生僻知识的不足，还能够促进资源在质方面的提升。[②]在资源共享的深度应用情境中，教师根据具体教学实践和学生先验知识水平，在课堂教学中辩证地应用和改进教学资源，形成本土特色的教育教学资源，服务于学生；学生通过学习类资源对所学知识进行解构与重构，激发高阶认知能力的提升，形成深层次的互动。

二、数字化资源联动开发的目标

（一）实体资源目标

单独一所学校所储备的资源是有限的，出于效率的原因，不适合本校学生认知方式和能力层次的资源将缺乏有效的整理，而充分利用149联盟进行在线课程资源的联动建设，能较好地解决这个问题。认知方式包括背景引入、预备知识、概念建立、分析综合、拓展延伸等。共享在线课程资源建设，需要针对不同认知方式和能力层次的学生，建立起覆盖度更好的资源体系，以充分的实体资源满足不同层次及不同形式的资源利用需要。实体资源的表现形式包括且不限于文字、图表、视频、模拟动画和互动游戏等，其使用形式包括教案、学案、课程记录、试题、重难点、易错点和思维误区等。

① 范佳宁.高等学校校际教育资源共享问题研究[D].大连：大连理工大学，2016.
② 赵丽.在线课程开发：从资源"共享学习"到智慧"共生跃迁"[J].电化教育研究，2016，37（11）：67-74.

（二）信息化平台目标

信息化平台功能单一，将导致平台上的资源利用受到极大的限制。数字化资源联动建设集合了多所学校的资源，使平台建设的成本下降，使一所学校无法完成的较大型信息化平台可以搭建完成。共享在线课程资源建设要求信息化平台具有良好的数据存取能力、文件格式支持、用户界面体验，能置备算法，为教师和学生有针对性地、适量地、动态地和智能地推荐资源。在此基础上，可以利用此平台对课程组织形式进行改良，建立资源双向多层选择机制，弥补由一所学校组织课程产生的课程较为单一和机械的不足。利用平台组织教学，搭建跨校选课学习机制。经由信息化平台收集教师和学生在使用中的意见和建议，并加以调试。最终，通过利用这些资源达到学习活动充分发生和课堂信息交流高密度之目的。

（三）资源管理目标

相关人员没有智慧教育意识或操作不熟练，缺乏有效管理，也不能很好地发挥在线教育的优势。要使学生、教师、家长和社会对智慧教育生态培育产生足够的认可。学生和教师要学会平台系统的操作方法。要建立教育教学资源研究体制，形成可持续的课程资源开发状态，保证课程资源的新陈代谢。要进行信息平台维护，及时处理学生和教师在学习过程中发现的问题和提出的意见。要探寻课程资源评价模式和建设路径，使基于智慧教育生态培育的课程数字化资源联动建设的理念、策略和执行保持一致性、有效性和发展性。

第二节　数字化资源联动开发的原则与策略

数字化资源联动开发应遵循一定的原则，这样开发出来的资源才有可能有较高的利用率和较强的实用性，否则就是浪费人力、物力和财力，无法最终提高学生的学习效果。具体而言，数字化资源联动开发遵循认知理解原则、可视化原则、结构化原则和学生立场原则等。数字化资源联动开发的策略是依托学科、学校、地域特色，进行高品质数字化资源联动开发。

一、数字化资源联动开发的原则

（一）认知理解原则

认知负荷理论是由认知心理学家约翰·斯威勒于1988年在米勒的有关"记忆容量"的研究基础之上首先提出来的。认知负荷指个体在对待某种工作、作业或任务的过程中，个体所感受到心智负荷与心理努力的负载状态。[①] 恰当的多媒体信息呈现形式，对学生的学习注意力分配、学习内容的加工理解和最终的学业成绩的提高有所帮助。因此，在进行知识内容的传递和表达时，应该遵循学生认知理解基本规律，降低学生学习材料的认知负荷，增强学习自信心，促进知识内容的理解与内化。

（二）可视化原则

人类在接受信息过程中通过视觉获得的信息占83%，较高的占比充分说明人们接受信息的主要通道是视觉。[②] 因此，知识的视觉表现形式即可视化，以图解的方式呈现是比较恰当的。它可以为基于语言的理解提供较好的辅助和补充，降低语言通道的认知负荷，加速思维的发生。图解化呈现形式遵循了认知负荷理论中关于短时记忆的信息容量是有限的，有意义学习必须在短时记忆中进行大量的认知加工的理论假设。

人类信息加工系统包括两个独立通道，即加工听觉输入与语言表征的听觉通道和加工视觉输入与图片表征的视觉通道。抽象知识可视化通过具有生动表现力和良好时间序列展现力的视频动画类资源来表达，可以起到一定的辅助作用。因此，在数字化资源联动开发过程中，开发者可以用重构的动画视频形式来辅助知识的可视化。学习者在学习的过程中将会投入更多的认知努力，将有助于学习者对学习内容的学习和理解。

[①] 陈树刚，朱永海. 基于认知负荷理论的网络课程信息呈现研究[J]. 现代远程教育研究，2009（1）：63-65.

[②] 王朝云，刘玉龙. 知识可视化的理论与应用[J]. 现代教育技术，2007，17（6）：18-20+17.

（三）结构化原则

在数字化资源联动开发过程中，开发者以知识的逻辑演绎为出发点，把零散孤立的事实性知识做结构化处理，形成组块化体系，不仅降低了学习者的认知负荷[①]，还对学习者的知识内容的学习和理解有所裨益。组块化操作遵循了加工后的信息进入长时记忆后，长时记忆的容量几乎是无限的认知规律。

（四）学生立场原则

学生是主体，不仅教师的教学要以学生为主体，而且数字化资源联动开发也要以学生为主体，一切从学生的实际需求出发。教学资源建设不能仅仅是对课程教学内容的简单堆砌，其目的也不能只停留在静态的存储和学生访问上。资源建设要实现学习者课上和课下的衔接，将其作为连接桥梁实现课堂内容的延伸和扩展。从学生需求出发，不教学生学不会或已经会的知识，要教学生最需要的知识。教学内容要有深度，能给学习者带来知识意义的螺旋式上升；数字化资源的制作要精心设计其互动性，提高其接受度。在充分保障教学内容与教学任务的相关性上，生动形象地进行内容导入；针对内容特点，真实而形象地联想场景，准确而迅速地创设情境，吸引学习者主动探究和合作学习。

二、数字化资源联动开发策略

（一）依托学科特色，建立特色学科共享平台

联盟学校教师共同体以学科教研组为单位，以深度学习理论为指导，通过定时利用视频会议系统开展教研、集体备课等跨区域、跨校区远程在线互动教研活动，优势互补，围绕教材资源、教法资源与生成资源，逐渐形成各自校区的特色学科实验室，共同搭建特色学科共享平台。

---

① 胡航，董玉琦. 深度学习数字化资源表征方法与开发模式[J]. 中国远程教育，2017（12）：5-11+20+79.

（二）依托学校特色，建立特色活动教室

联盟学校成立了各个校区之间的特色活动资源开发共同体，旨在丰富、发展和完善各校的活动特色，联动开发特色活动资源，建立特色活动教室。如，以"校科创节"为基础，形成了科创活动教室，通过远程互动与线下交流的方式，进行科普宣传与科创比赛的指导与实时演示，激发学生的创造力，培养学生的科学精神。

（三）依托地域特色，建立特色研学基地

依托丰富的文化资源和地域特色共同开发、建设和打造一批凸显天府文化特色的研学旅行基地，积极开展研学实践教育活动。如，以新津传统特色文化习俗灯谜作为特色选修课程，邀请新津灯谜学会会长解俊峰与喻光明老先生为常驻嘉宾，形成了新津中学"灯谜"社团与"灯谜"活动基地，通过线上与线下的方式促进研学旅行共建共享，扩大联盟内学生交流覆盖面，提升交流成效。

三、数字化资源联动共享策略

数字化资源联动开发的过程使得联盟校际间的参与者逐步形成了共同开发意愿。在实际课堂教学中，资源使用者要通过多种途径尽可能地发挥所开发资源利用的最大化和功能的最优化，以满足日益增长的智慧型人才的培养需求。

首先，数字化资源联动共享以跨校区课程选修为主要动力。来自不同校区的学生可以通过网络视频课程，进行同步在线学习和交流。高中阶段选修课程学分认定工作的不断深化和推广，为跨校选修课程的推行提供可能。借助互联网，学生可以实现跨校区选修自己感兴趣的课程，并完成学分认定工作。对学生而言，学生既能学到本校无法开设的课程，拓宽视野，又能在学习过程中与外校学生交流，丰富学识。对教师而言，课堂上有来自不同学校的学生，对任课教师也是一种激励和挑战，不仅可以提升教师使用教育资源的能力，还可以提升教师的课堂管理能力。

其次，数字化资源联动共享以因特网资源共享智慧平台为主要载体。具体而言，学生可以在共享智慧服务平台中，根据自身的需求利用教育资源进行灵活学

习。学生利用在线诊断功能进行学习效果的评价，对未达成的学习目标的学习内容，平台将再次推送相关联的学习内容进行补充学习，直到达成学习目标后，才开启后续学习旅程。

最后，数字化资源联动共享以优秀师资为主要源泉。对有需求的学校，组织校际间的教师互聘，实现优秀师资的灵活流通。通过开展交流讲座等活动，将不同教育理念、教学思想、教学经验等优质资源传递出去，扩大辐射范围。培训和名师巡讲等活动使教师能更好地理解和利用资源，提升资源质量。[①]

第三节　数字化资源联动体系建构

数字化资源联动开发团队由参与联动的各个学校的优秀教师组成。在组建资源开发团队过程中，要充分发挥教师的主观能动性，为完成数字化资源联动开发献计献策、群策群力。从实物资源、人力资源和平台资源三个方面入手，抓好实物资源的创意性表现方式、抓实人力资源调配工作，抓牢平台资源建设进度，以确保数字化资源联动体系建构完成后，能够有条不紊地进行。

一、组建资源开发团队

课程资源、开发的主体不仅包括学科教师，还应包括学校各部门、政府、社会和专家等广泛的开发群体。从149跨区域教育联盟的理念与实际出发，以腾讯智慧校园云为平台，初步形成了联盟特色资源开发团队，包括各校教师共同体、各校德育共同体和各校研学共同体。

149跨区域教育联盟特色教学资源开发团队中各校教师共同体依托学科特色，建立特色学科共享平台；各校德育共同体依托学校特色，建立特色活动教室；各校研学共同体依托地域特色，建立特色研学基地，最终产生出课堂资源和活动资源等行动客体（见图6-1）。

---

① 戴学琼.精品课程资源共建共享研究与实践[D].长沙：湖南大学，2010.

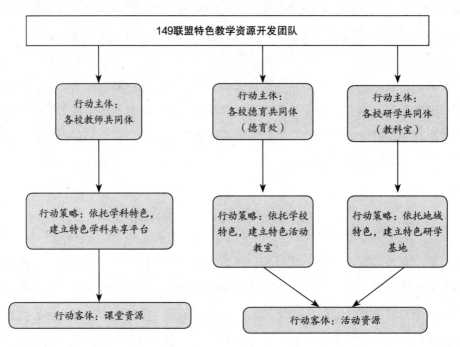

图6-1 特色课程数字化资源联动开发模式

二、数字化教学资源开发体系构建

149教育联盟的数字化教学资源体系由实物资源、人力资源和平台资源三大部分组成。具体的数字化教学资源开发体系见图6-2。

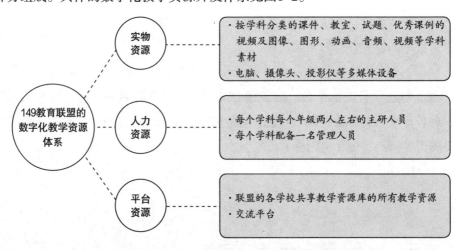

图6-2 149教育联盟数字化教学资源开发体系

在实物资源方面，149教育联盟学校都各自建立了数字化教学资源库，包含按学科分类的课件、教案、试题、优秀课例的视频及图像、图形、动画、音频、视频等学科素材。除资源库外，各个学校在每个教室和会议室等场所均配备有电脑、摄像头和投影仪等多媒体设备，为数字化教学资源的使用提供了设备支持。

在人力资源方面，149教育联盟学校以教研组为单位，在每个教研组内确定六人左右（每个年级两人左右）的主研人员，定期提供各年级各学科的课件、试题和优秀课例的视频等数字化教学资源。同时，各学科还配备一名管理人员，对各学科的教学资源进行审查，上传新资源，删除使用率低或无使用价值的陈旧资源，为数字化教学资源库的及时更新提供技术保障。

在平台资源方面，149教育联盟创建了一个共享平台其作用如下。一是可以实现联盟学校共享教学资源库的所有教学资源。教师可上传和下载资源库的所有资源。随着智慧学习环境的发展，微课的作用也是不可忽视的。学生可在线观看微课、优秀课例的视频及其他可供学生自主学习的资源内容。二是可以搭建具备以下基本特征的交流平台。识别情境，利用认知建模、情感计算、认知工程等支持识别情境的技术全面感知学习者所处物理环境和判断学习者兴趣特征的性能；记录过程，使用云端保存学习过程性数据，通过大数据分析技术，呈现真实客观的过程性评价和总结性评价；泛在学习，移动、物联、泛在、无缝接入等技术，学习者无论何时何地都可以根据自我需要进行学习；联结社群，构建学习者个人学习空间、教师社群、学习讨论、微信微博等学习共同体的创建，保持学习的社会性特征，促进学习的社会协作、深度参与和知识建构；推送资源，智能化地推送师生自创资源、教学资源网站群中与学习者学习兴趣和学习能力相适应的学习资源，分类按序优化动态汇聚的资源，实现资源自适应呈现；智能诊断，根据学习者的认知能力、学习习惯、学习兴趣、需求等个性差异提供建议和指导。可提供教师与教师、教师与学生以及教师与家长间的互动交流。交流内容除文字外，可提供图片、语音和视频的上传，让交流变得方便、准确和快捷。

三、共享在线课程资源建设的途径

（一）实体资源整合

在新冠疫情期间，直接将黑板板书改为幻灯片，是在线课程内容的主要表现形式。但是，学生容易疲劳，且受限于设备尺寸，使用手机等小型屏幕设备有损视力。同时，这种以静态呈现和单向信息流动为主的方式，不仅没有突破传统课堂的低学习积极性问题，也不能发挥线下课程的社交亲密性优势。共享在线课程资源关注于传统课堂上无法轻易呈现的内容，如当地的自然风光、文化胜景，以及比较大型的科学实验和学生的作品等。关注活动组织形式，如将线下静态资源改造为动态资源，动画、互动视频和小游戏等，可以让分组活动安排更加灵活，更好地提升学生的素养。通过联盟平台解读课程标准，利用不同学校学生的特点形成分类方案，将各校资源分编归类，借以整合各认知方式和能力层次的资源，形成资源系统。教师自主开发的资源按照文本类、视频类、媒体课件类、文献类和案例类等类别自动分类，并转换成适应学习者使用智能手机、PC机、平板电脑、电视等智能学习终端开展智慧学习的资源。

（二）信息化平台搭建

目前，国内信息化硬件水平已经能满足大多数学校及教育人群的需要。但是，已有成熟的在线共享课程提供方出于营利的考量，资源流动不能做到惠及全部层次的学生，存在明显的资源分配不均衡，适合新接触智慧教育的学生的共享平台处于缺失状态；部分学校和家庭、社区之间缺少有效沟通渠道，只能依靠学校进行较为有限的资源流动，不能做到平台的立体搭建。目前，有部分学校使用具有一定开放性的商业化平台，从149教育联盟层面看，应考虑自行搭建或与信息技术部门合作搭建信息化平台，并与教育主管部门商讨教育总系统的接驳可能性，以便日后进行更高层级的交流与合作。首先，平台应具有基本的实体资源储存与传播功能。其次，平台应具有远程课程功能，使各种资源能在此功能中正常使用。尤其是部分新型互动资源，如互动视频等更需要平台支持，以及平台应设置算法，以推荐适合于目标教师和学生的资源，辅助资源配置优化。第三，在线课程平台需要搭载课程管理系统，在一定程度上满足学生自主学习管理的需要。基于"一生多师""一课多案"，通过联盟平台解读课程标准，拆解课堂，实现课堂单元化，搭建跨校选课学习机制，在每一次单元教学中，学生都可以在一定程度上选择教师和教学设计。最后，平台应设置反馈渠道，学生和教师在学习过程中发现的问题和提出的意见可以快捷有效地表达，如对实体资源和平台功能的评价等。

（三）管理制度建设

因为在线教育意识的不足和设备操作技术的缺乏，不少学校在疫情期间的线上教学状况较线下课程混乱，总结起来是管理问题。所以，联盟层面统一培训是必要的。统一的培训包括认识和技术两个层面。在认识上，要使学生、教师和社会理解智慧教育生态培育、课程资源建设的价值，明白共享平台的意义，并引导家庭和社区加入到共享平台的建设中来。在技术上，要使学生和教师能够流畅使用平台功能，如查找资源和反馈情况等。还需要对教师进行信息技术水平培训，使教师有能力制作一些适合于线上课程的新型动态化教育资源，如交互式微课。要安排专门人员对平台进行维护，检查和更新软硬件系统，管理教学资源和课程，处理平台反馈的意见和建议。要建设交流制度，形成可以流畅沟通的组织架构，如定期举行课程资源建设交流会。合作统筹教学日历，扩大共享在线课程规模，提升课程资源利用效率。利用教育联盟平台获取大量数据，这些数据来自不同地区、不同层次、不同教学方法和不同思维模式的学生及教师。组织共享在线课程研讨会，对共享在线课程进行科学分析。联盟学校的教育教学研究样本更大，教育实践研究拥有更丰富的实践材料，各校交流机会更多，产生的研究成果更丰富。形成跨校信息化研究团队，利用现代信息技术手段辅助分析课程资源。

第四节 数字化资源联动开发过程与案例

以深度学习理论为指导，进行数字化资源联动开发后的案例要在实际课堂教学中进行检验，以此验证数字化资源开发的有效性和实用性。后续内容以物理学科中的重要知识内容为例，详细讲解了数字化资源联动开发详细过程以及各个环节的协调情况，并对最终所开发的数字化资源的应用实效进行了分析。

一、数字化资源联动开发过程详解

（一）以深度学习理论为指导，进行行动研究

围绕深度学习强调学生个人发展与社会适应的基本内涵，在特色课程数字化资源联动开发模式的前提下，团队进一步确立了各行动主体进行资源开发的基本步骤。

深度学习是指在教师引导下，学生主动理解与加工信息，在把握学科本质和知识内核的基础上，经历复杂的情感体验，重构和完善认知结构，创造性地迁移和应用知识解决现实问题的学习样态。[1] 它促进概念转化，着力知识重构；倡导参与体验，关注学生发展。[2] 学生的学习兴趣、困惑和意义是深度学习发生的前提、关键和条件。深度学习经过知识的激活与召唤、解构与炼制、判断与选择，实现内在问题域的呈现、表征与立意。

因此，数字化资源联动开发模式大致会经历以下的过程：在厘清学习者的学习困惑的前提下，积极创设情境；依据新世纪智慧教育中智慧型人才培养目标重构知识；资源制作，选择合理的知识可视化表现形式降低学习者在学习过程中的认知负荷；通过应用迁移等评价方式反馈学习者的学习效果。数字化资源联动开发模式流程见图6-3。

---

① 冯燕华. 基于核心素养的深度学习内涵及发生机制探析[J]. 新课程研究，2020（8）：14-15.
② 钱旭升. 论深度学习的发生机制[J]. 课程·教材·教法，2018，38（9）：68-74.

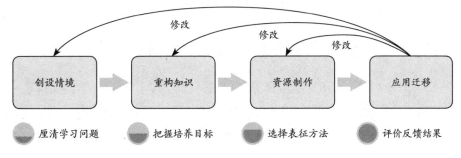

图6-3　数字化资源联动开发模式

教学过程应该始终以学习者为中心，进行教学设计时的首要问题是要认清学生的学习问题所在。在把握培养目标的前提下，对整个教材进行分析，系统化地进行知识重构，将重构后的知识选择适当的数字化资源表征方法进行知识的重现，完成资源的制作。最后将所做资源进行实际应用。数字化资源联动开发不可能一蹴而就，它是在不断的迭代修改和反复尝试中逐渐完善的。每进入下一个步骤前，都应该反思还有没有值得修改的地方。一个完整的数字化资源联动开发过程进行完成后，经过一段时间的实践，可能还需要进行修改和完善。

（二）统筹课内外、校内外、线上线下联动开发

课程资源开发团队树立新的课程资源开发意识，合理利用网络平台，走出课堂，走进学生，统筹课堂教学与课外实践，统筹学校资源与校外资源，统筹线上平台与线下互动，优化和共享各校特色资源，联动挖掘潜在课程资源，丰富课程内涵，扩展课程外延。

（三）以课堂资源为主体，以活动资源为重点

新修订的《普通高中课程标准（2017年版）》细化了各学科核心素养的基本内涵与质量标准，因此联盟资源开发团队聚焦课堂，落实开发传统的教材资源、教法资源，围绕学生课堂的生成性资源，促进学生综合运用各学科知识，认识、分析和解决现实问题，提升综合素质。

二、数字化资源联动建设中教师与学生的作为

（一）数字化教学数字化资源联动建设中的教师作为

首先是联动教研，开发创造资源。149教育联盟学校的同一学科安排统一的教研时间，可通过网络平台资源实现教研现场的共享和互动。教研内容除了常规的按章节交流教学中需要注意的问题，还采取以下方式进行。一是按课型同课异构。以物理学科为例，该学科有概念课、规律课、实验课、习题课和讲评课等课型。一次教研可选定一个课型的某个课题。由联盟学校各选出一名教师代表进行同课异构。授课学校的教师可现场观摩，其余学校的教师则观看同步视频，待所有教师上完课后再集中点评。除了讨论该课题的教学方案，还可以讨论该课型的上法，归纳总结出某一课型的上课模式。二是各学校学生同上一堂课。选出一些重点课题，由某学校教研组负责完成该课题的备课，并选出一名教师实施教学。除授课学校的班级是教师现场授课外，其余学校各选出一个班级，通过网络平台让各学校学生同上一堂课。课后各学校教师共同点评，并讨论不同学情下教学方案的确定原则。三是项目式教研。如"核心素养"是当前教育界的热门话题，而单元测试等考试又是各学科的日常教学环节。那么，在试题中考查学生的学科核心素养，体现考试对日常教学的指挥棒作用，是当前提高教学效率的有效途径。因此，把"基于学科核心素养的命题研究"作为小课题，先在各学校各教研组内研究，再在各学校共同的视频教研中分享研究成果，共同讨论该课题的有效方案。这种项目式教研在很大程度上解决了日常教学中的问题，能让每位教师受益匪浅。

其次是联动教学，高效利用资源。在备课阶段，可根据授课内容的教学目标、重难点将开发的教学资源进行有效整合。上传微课、优课等数字化教学资源，在平台上布置预习作业，由学生通过平板电脑等移动设备进行自主预习，完成预习作业。教师在网上批阅作业后，通过分析软件及时掌握学生的预习问题，在设计课堂教学方案时有效地设置解决问题的环节，提高教学效率。

课堂上，可通过图片、视频等教学资源创设情景，吸引学生注意力，激发其好奇心。根据学生提交的预习作业情况，借助视频和动画等资源帮助学生理解知

识点。在课堂练习中，借助网络平台及时反馈学生的完成情况，并根据反馈信息点评学生的错误点，及时纠正学生的问题。课后，学生通过网络平台提交课后作业，教师完成网上批改后，利用分析软件准确地找出学生的薄弱知识点，做到有效讲评。

（二）数字化资源联动建设中的学生参与

首先是联动预习，实现师生信息互通。学生可通过网络教学平台接收教师发布的视频等预习资料和布置的预习作业。学生可根据自身的学习能力在网络上反复观看预习资料，完成预习作业并上传。学生还可以通过网络交流平台将预习中遇到的问题发送给教师，使教师能根据学生的预习作业完成情况和反馈的预习问题设计教学方案，最大限度地提高预习的有效性。

其次是联动课堂，实现学生有效学习。每位学生拥有一部移动设备，教师可利用同步画面功能，将学生的移动设备锁定为与教师同步的画面，有效解决学生看不清屏幕的问题。在课堂练习中，学生可及时上传练习答案，有利于教师通过分析软件快速了解学生的完成情况，做到有效点评。

第三是联动课后，实现效果的及时反馈。学生除了上传课后作业，使教师能及时掌握其作业完成情况，还可以通过平台进行以下方式的自主学习。一是随时随地观看微课和课件等数字化资源。充分利用闲散时间，提高学习效率。二是根据自身的学习情况，分类整理各学科的数字化资源，尤其是建立各学科的错题集。将自己的错题及易错知识点的数字化资源分门别类地整理到相应的文件夹中，可供反复学习和考前复习。三是学生利用网络交流平台把不懂的问题与任课教师或同学进行交流，快速有效地解决疑难问题。

最后是联动研修，形成特色化研究性学习成果。研究性学习是高中学生的必修学分。149教育联盟学校可根据学校的优势确定研究性学习的课题，供联盟学校的所有学生自由选择，再根据课题选择的人员进行分组，同一小组的成员可以是不同学校、不同年级和不同班级的人。每个研究小组和相应的指导教师建立一个群，方便小组成员间的相互讨论及指导教师的随时指点。同一课题的指导教师和学生可建立一个大群，便于小组间的资源共享。优秀的课题研究成果将上传至平台，供其他教师和学生查阅学习。

三、案例分析

我们以教科版高中物理教材中"匀变速直线运动"为例，用一个全新的模型来详细说明其操作步骤和效果。针对模型本身比初中学习的匀速直线运动更难，这一部分的探究实验少，学生觉得很抽象，教材对该部分内容的介绍理论性较强，该实验中利用逐差法求加速度也是一个难点。我们通过149跨区域教育联盟进行网上教研，梳理出以下五个问题。

问题一　在"匀变速直线运动"这部分内容的学习中使用了图像等方法来进行研究，与初中的学习方法相比发生了较大的变化。如何能减小这种变化带来的梯度，让学生尽快适应高中物理教学？

问题二　能不能先通过实验来探究匀变速直线运动，得出一些简单规律，再利用图像等手段进行深入研究？

问题三　探究实验如何设计？

问题四　调整后的教学效果如何？

问题五　是否有效落实学科的核心素养？

联盟学校的物理教师们针对上述五个问题在物理学科共享平台上展开了深入的讨论，最终决定进行三个方面的教学实践。一是在介绍完位移、时间和速度等基本概念后创设出真实的情景，先让学生真真切切地感受一下最常见的匀变速直线运动（教材中是以火箭升空、火车启动等作为例子，这些例子在课堂上是无法感受的，比较抽象）；二是先通过实验探究匀变速直线运动，得出一些简单规律，再利用图像等手段进行深入研究；三是为实现以上目的，重新设计了"伽利略斜槽实验演示仪"，并成功申请了国家专利（专利号：201920159466.4），该演示仪可以量产，直接服务于广大师生。

结合高中物理教学开发物理实验和改进实验仪器，组织学生坚持开展科创活动。在我们的教学及学生实验过程中，部分学生往往有自己的理解并能提出新的实验方案。由于课堂时间有限，我们就开放实验室让学生在科创活动时间去完成自己的设计。在这些活动中，学生跟老师深入交流，体会各种方案的优缺点，对知识和规律的理解更加深刻，并且有机会更好地体验科学探究的历程，熟悉科学研究的方法。个别学生甚至设计出了一些新的实验仪器，实验效果优于教材的方案。

　　"伽利略斜槽实验演示仪"案例很好地创设了可行的真实情景，让学生自行运用该演示仪研究匀变速直线运动并直观呈现其基本规律，确立了学生个体经验与人类历史文化的相关性，落实了学生在教学活动中的主体地位，使学生能够在教学活动中模拟参与到人类社会历史实践中，形成有助于未来发展的核心素养，而教师的作用与价值也在深度学习中得以充分实现。

第七章

在线走校教学课堂实录与点评

不同于传统的固定学校、固定班级、固定教师、固定学生的教学管理模式，在线走校制教学兼具在线教学、分层教学与走校教学的核心内涵，强调基于学生的个性化差异进行学科分班教学。在实践过程中，注重因材施教的分层走班制教学在一定程度上促进了学生的个性化发展，提升了办学效率，但是仍存在班级管理、学校管理等一系列的现实问题。

伴随"互联网＋教育"的浪潮，在线教学的研究与实践引起了广大学校的重视。在这种背景下，149教育联盟基于智慧教育开展的在线走校教学实践，充分发挥联盟学校的作用，统筹布局、积极探索，实现联盟学校的教学资源共享，较好地解决了应急情况下线上教学资源不足和效能不高的问题，丰富了智慧教育生态培育的路径。

第一节　在线走校教学实践方略

一、优势特色学科跨区域在线走校教学

在打造跨区域学生学习共同体基础上，充分了解四川省、成都市各学段和领域教育水平的分布结构，一方面是学科（语文、数学、英语等）的深度学习培育，让深度学习（D课堂）落地、扎根；另一方面是建立健全学习与实践发展共同体，进行区域性推进，在思想政治、历史、地理、物理、化学、生物六门科目中找到自身的优势学科；建立优势特色学科跨区域在线走校制度，提升学生全学科发展水平，促进学生深度学习品质的形成。

教育联盟牵头建立智慧教育生态在线课程平台，建设各校区优势学科的"微课资源库"。校区间教师根据"虚拟共生课堂"需求，提供必要的课程引导和课后辅导。依托跨校区智慧教育生态系统，可实现在不同区域、不同学校的学生和

教师，在互联网虚拟空间中形成由教师、学生、课程、环境与技术共同组成的课堂生态系统。学生利用移动终端（平板电脑等）进行线上学习，完成在线走校课程的学习任务，教学资源包括每门学科的课件及课件素材（文字、图片、视频、动画等），且具体到每一节课或每个知识点。教师不仅能利用智慧教育平台中的"微课资源库"和教学系统丰富教学内容，还能快捷地找到合适的资源或利用备好的课件直接授课。优势学科的资源也能扩宽学生信息的收集渠道，扩展学生的学习思路，节省师生时间和空间上的走校成本，优化传统教学的信息传递和信息交互方式。

在课程建设中，学科教师收集在教学过程中学生存在的各种疑难问题，将这些问题梳理汇总后经教研组讨论理出问题，制作成解决学生疑难问题微课，进一步促进学生深度学习。

二、在线选修课程建设

校区间学生互选各学校的优质在线课程并参加学习，可以极大地丰富校区之间的课程内容，拓宽课程的边界。利用教育联盟各学校创客教室、互动教室、录播教室等优质硬件资源，形成校区间的在线选修课程互动模式，实现校区之间同步在线互动授课和课程互动共享。其中，自动录播教室在智慧教育平台内完成同步课堂的观摩；互访直播录播教室系统实现跨区域在线听课、课例观摩、选修课程等活动的开展。良好的硬件条件和技术手段，为跨区域学生相互选修对方学校的校本课程提供了可能。

跨区域选修课主要由学校负责人和分管教学的领导负责安排规划；开设选修课的老师根据学校要求，具体落实选修课的实施计划；学校信息中心提供后期管理和技术平台的支持。学生通过智慧教育平台选修课平台选择自己想要学习的课程；学习过程中每位开课的老师反馈教学进展情况，并根据平时课堂的表现、课后作业的完成和期末考试等形式对学生的课程学习进行学分评价。选修课结束，由教科室负责管理选修课的老师撰写简讯，并收集此门课程的过程性资料。

第二节 在线走校教学实践具体方案：管、教、学、评

——基于智慧教育的在线走校教学实践

一、管：整体规划，科学设计

（一）课程设置，统筹布局

"149联盟"结合各个学校的实际情况，确定符合联盟学校实际的走校方式。我们在线走校自新生入校开始启动，开设选修课，每个学校的非高考学科开设一门选修课。在第二阶段，单一高考科目开设一门模块内容选修，进行为期一学期的在线走校的实践探索。组织语文老师进行专题研究，设置选修课程，发现在线走校的问题并找到解决方案，为全面在线走校做准备。最后，全面开展所有高考科目的模块内容选修课程的在线走校。时间安排：时间统一安排在每周三下午第二节和第三节课，周五下午第三节课。

（二）加强指导，规范选课

第一步导入选课信息，做好在线选课走校准备；第二步加强指导，尊重学生个性；第三步分批组织选课选校，审定结果。

（三）合理组班，优化资源

微机教室作为走校的专用教室，结合网选结果，安排微机室，选择同一学科选修课的同在一个微机室便于管理与指导；确定选修课教师数量，安排任课教师。

二、教：合理实施，提升效能

（一）转变教师教学观念

在线选课走校教学，教师面对的可能不是自己原班的学生，也可能面临选这

个学科的人数较少的情况，而要提高教学效能，必然要求教师转变观念，从"齐步走"转向"共同而有个性"，从"把一个班当成一个人教"转向"把一个人当一个班教"。

（二）提高教师综合素养

在线选课走校给每一位学科教师带来了专业上的挑战、教育上的挑战，这需要教师能够适应教育发展的潮流，不断挑战自我，主动学习。另外，在线走校，关键的能力之一是需要熟练运用信息技术，如作业的推送、批改、在线提问等技能，这些都需要教师提前熟练掌握，才能顺利开展在线教学。

（三）集体备课开发教材

在线走校制教学是兼具在线教学、分层教学（或模块教学）与走校教学的核心内涵，强调基于学生的个性化差异进行学科教学的一种教学模式，这就需要对教材进行二次开发或者重构教材内容，需要教研组、备课组集中学习，集体备课，开发出适合该模式的教材内容。

（四）探索高效课堂模式

推行自主、合作、高效的教学模式，尊重学生主体地位，调动学生积极性。

（五）推行小组合作学习模式

每门选修课的任课老师需在线分配学习小组，学习小组合作方式对于教师在线布置讨论交流、疑难问题的收集等会发挥极大的作用。

（六）设置灵活的学科辅导制度

由于行政班或教学班所对应的学生是不同学校的，若只让学生在行政班自修，教学班的教师会觉得自己到班级辅导的学生大部分不是自己所任教的学生，会影响他们辅导的积极性。对此，目前学校采取了以下几种办法：一是学生只在行政班自修，而教师在答疑室答疑，学生可以在自修时间寻找自己的任课教师答疑解惑；二是学校对于学生何时在行政班或教学班自修做出具体规定，然后安排相应的教师到班级辅导;三是个别学校的教师和学生都人手一台平板电脑,并存储大量学习资料,学生和教师可以利用平板电脑通过网络交流,教师也可以利用平板电脑进行测评等教学活动。

三、学:自主选课,发展个性

根据学生的意愿,把有相同兴趣爱好的学生组成线上的云班级进行授课,打破学校的限制,可以在线随意选择自己喜欢的选修课,实行动态流动式教学。这能让每个学生在学习中找到自己的兴趣点,在选择适合自己的科目之后,提高学习的兴趣。选择权利已经交到了学生的手上,关键就是学生能不能正确、有效地使用。为了使学生正确运用自己的选择权,学校建立相关的选课指导机制指导学生选课,帮助学生找出学习的兴趣点,准确高效地选课。具体来说需要做到以下几点:其一,各个学科教研组长要进行学科知识讲座,让学生知晓本学科的特点。其二,班主任和任课老师要根据学生平时的表现给予学生有针对性的建议,引导学生进行选课。

四、评:"一自两互",多元评价

实行在线走校教学后,班级之间学生的学业基础往往存在很大差别,会增大教学评价的难度。走班教学背景下的评价机制,不是将学生简单地划分优、良、中、贫,而是综合学生发展过程中的各个方面,以发展的眼光挖掘学生潜能,对学生的认知、情感、实践、创新、素养等多方面进行科学评价。目的在于挖掘学生潜能、张扬学生个性,引导学生正确认识自己,激发学习的内动力,从而促进学生的综合全面发展。

学校依托智慧校园的建设,建立并完善了在线走校制背景下的师生评价体系,对学生构建的评价机制主要有:《学生个人量化管理评价细则》,用于评价学生日常行为;建立学生成长记录档案,用于过程性评价;构建学分认定办法,用于评价学生学习情况;规范评价环节,形成"一自两互"的多元化、多角度评价机制。"一自"即学生的自我评价,学生自我评价分阶段、分维度进行。"两互"即学生与学生之间的互评、师生之间的互评。生生互评,是学生对学生的综合性评价,内容主要有学习习惯、日常行为规范、人际交往、生涯规划等多个维度。相对于自我评价与生生互评，师生互评是立足在线走校教学推进的一项新举措。教师评价学生的成长与学习，将学生日常考勤、课堂表现、作业完成情况、日常学段检测成绩作为过程性评价，与终结性考试共同构成学科成绩，用于最终评定。学生反过来也可以评价教师，从学生的视角总结归纳教师的优缺点，不仅有助于教师的自我发展，也有助于学生将自己习得形成的"个人素养"展示出来。

同时，通过智慧校园，简化了多维度评价体系中复杂的问题和评价程序，提高了评价效率和科学性。网络课堂与在线教学模式来到了每个学生身边，在线教学在维护全国教学正常教学秩序和"停课不停教、不停学"方面发挥了巨大作用，应对新冠肺炎疫情突发之"危"也加速了广泛采用在线教学的进程，给在线教学带来了发展之"机"。在线教学改变了教师的"教"、学生的"学"和学校的"管"，也改变了教育形态，对教育改革产生了革命性的促进作用。

在联盟学校范围内的在线走校教学实践探索中，我们获得了初步成效。在盘点成效、梳理经验的基础上，归纳出成功的要诀：质量为王（名师建设金课）、公平为要（跨域协同教学）、学生中心（学习成效驱动）、教师主体（线上翻转导教）、开放共享（在线教学平台）、合作共赢（合作联盟机制）等。

在智慧教育的语境下，作为新型的学习组织方式，在线走校教学因未来教育的进程跟进和趋势顺应，具有很大的探索价值和空间。149跨区域教育联盟智慧教育生态培育研究是一大契机，从管理机制、课程内容和实践模式、路径策略等方面持续深入研究，稳健前行，让"在线走校"成为提升学校软实力的抓手，让师生真正享受到"在线走校"带来的实惠，让"在线走校"成为新时代智慧教育实践的新常态。

第三节　在线走校教学课堂实录与点评

一、评西北中学赖小慧"园艺说生涯：我是谁"课例

近来，高中生涯规划课程建设在新高考的驱动下，越来越受重视。如何以理论与实践为基础，从学校实际和学生未来发展的现实需要出发，科学地进行高

中生涯规划课程的建设，帮助科学规划生涯，已成为教育界所关注的热点。基于此，149教育联盟开设了在线走校生涯规划课程，可以帮助学生认识到自身学业与现实世界以及未来目标之间的联系，获得更多自我意识以及学业和职业选择的信息，并培养其对未来作出重要决策的技能和素养。

下面以赖老师的"园艺说生涯：我是谁"为例，来分析该堂课是否符合在线走校教学的要求，是否充分发挥了在线走校教学的特色。

（一）赖小慧"园艺说生涯：我是谁"概述及实录节选

（1）教学实录概述。

整堂课由四个版块构成，首先以旅游攻略导入，引入生涯基本概念，进而强调生涯规划对学生的重要性；第二个版块是整体感知，由讨论和提问的方式使学生了解自我、接纳自我、发展自我；第三个版块是体验反思，由分组讨论、画自画像、游戏、表演等丰富多样的方式引导学生多维度正确认识自己；最后总结升华，运用园艺理论总结本课内容。

（2）教学实录节选。

师：同学们，既然我们要知己知彼，既然要了解自我、接纳自我、发展自我。那请问，自我包含什么？我是谁？今天我们就来一起讨论"我是谁"。首先请观看一段视频。（播放电视剧《武林外传》"吕圣人智斗姬无命"的视频）

⋯⋯⋯⋯⋯

师：让我们首先进入第一个环节：了解环境中的我（出示课件），同学们，说到环境，大家都知道人是活在环境中的，人和环境的互动，管子人曾言："顺天者有其功，逆天者怀其凶，不可复振也。"（《管子·形势》）这就说明了人在环境中的属性。请大家分组讨论：人要适应环境我们需要了解哪些内容？第一大组讨论：一般规律有哪些？第二大组讨论：有什么心理准备？第三大组：适应环境有什么好处？第四大组：适应环境有哪些方法？2分钟后咱们来分享。（教师出示课件）

⋯⋯⋯⋯⋯

师：感谢大家的积极互动，我们了解了人在环境中的注意事项，那么，我们是否适宜环境呢，请大家分别做两份测试。2分钟后我们来分享测试结果。（课

前分发的清单一：环境适应性自我诊断；清单二：校园环境不适应诊疗单）

…………

师：环境中的我，最佳的方式就是把自己放在环境中来认知，没有环境，就看不到这个我。看不到这个具有社会属性和自然属性一体化的我。那么，生理的我，我们又应该关注什么呢。首先，请大家在音乐声中给自己画一幅自画像（教师播放音乐，同时进行指导）同学们一边画，一边思考：身体发肤，受之父母，如何珍惜？青春期的我们，成长的奥妙：除了身体，还有神经思维（最佳学习状态）、独立意识（渴望成熟），画皮也画心。现在，你的烦恼：自己美否？你的身体运动怎样？力量如何？协调性怎样？你的情绪（易爆发）呢？情感呢？（父母亲情、同学友谊）

…………

师：当我们了解了环境中的我，生理的我，接下来我们去认识一下心理的我。老子言："知人者智，自知者明。胜人者有力，自胜者强。"（《老子》三十三章）请大家选出你的答案。（教师出示课件）

A. 继续优秀下去

B. 昔日辉煌已过去，日渐沉沦非我意

C. 奋起直追向前去，管他东南西北风

D. 一切都是无所谓，洗洗澡看看表舒服一秒是一秒

师：目前的你，是哪一种状态呢？

（二）课程优势及特色

（1）优质教育资源共建共享。

随着课程改革的深入及高考考试制度和录取制度的改革，生涯教育在近几年受到越来越多的重视，它帮助学生在掌握知识、形成健全人格的基础上，为踏入社会、顺利找好自己的位置奠定坚实的基础。但我国中小学的生涯规划教育正处于起步阶段，学校缺少对生涯教育的重视、师资不足教师缺乏专业性、组织管理职能分工不明确；生涯规划教育在一些学校只是教师个人行为或者并没有纳入课程。由此可见，受以上内外部条件的影响，部分学校无力开设优质生涯教育课程。针对高中学生生涯教育异常薄弱的这一现状，149教育联盟中西北中学开设

"生涯规划"课程，有效缓解了联盟内容学校生涯教育的困境。赖老师的"园艺说生涯：我是谁"这堂课，教学内容丰富，由浅入深，循序渐进。该堂课注重培养学生的核心素养，即学生应具备的、能够适应终身发展和社会发展需要的必备品格和关键能力，以核心素养为导向，充分体现生涯规划课程的性质和特点。

因此，在线走校制可以有效解决具体学校师资力量不足以及软硬件设施有限等各种条件制约等走班制给学校、教师带来的挑战和问题，实现教育均衡发展，优势资源共享。在线走校制提升了学生的学习效率，增加教学资源的可获得性与便利性，提升成本效益。

（2）充分发挥混合式学习的优势。

线上线下混合学习模式正在蓬勃发展，发展中面临的最大挑战是如何避免线下线上机械组合，实现有效融合，促进教研高效发展。要实现模式的有效融合，需要分析相关要素的融合和各参与主体。

赖老师根据教学内容的不同和针对线上线下学习的不同特点，精心设计教学环节丰富多样的活动，比如在整体感知和体验反思版块，六个概念的理解，每个概念教学都有对应活动的开展：视频、讨论、分享、哑剧、游戏、自画像等，既增添了线上、线下课堂的趣味性，又活跃课堂氛围。学生在线学习的时候也非常注重创建学习共同体，这也是混合学习成功的很大因素。设置讨论是用来进行学习交流活动，在这个方面，教师要对学生的讨论活动进行合理的引导。教师的创造力是融合模式创设的核心要素。他们分属不同学校，在年龄、教龄、学科、学历、信息技术水平、教研需求均不相同，有自己独特的个经验、资源和创造力。

（3）充分尊重学生主体地位。

选课走校基于对人的本体价值及主体性的关注所实施的个性化教育。选课走班打破了原有行政班级的标准化、单一化，每个学生拥有属于自己个性化的课程选择。按照课程表流动到相应的班级上课已成为学生自主自发的事，此时学习才真正成为学生自己的事情。新课程理念要求要充分体现学生主体性，鼓励积极推行"自主、合作、探究"的课堂教学变革，实现学生由被动接受式学习向主动探索型学习方式的转变。该堂课体现了主体意识，课程设计应充分考虑高中学生的生命发展和生活需求，让学生了解自身的学习优势与劣势，发现自身的潜能，明确自己未来专业发展所需具备的基本素养及自身现状，能够对自身学业发展进行系统性的规划与设计；课程内容的选择注重学生的生活与学习经验；课程形式以活动为主，重视活动的水平、层次与方式。在活动中，营造和谐的活动氛围，学生的个性化自主学习与表现能够得到有效鼓励。

另一方面，网络学习环境具有虚拟性，在传统教室中，不少学生不愿或者不敢主动回答问题、分享交流想法。而在网络课堂中，其环境是以网络技术为基础建立的虚拟环境。在进行网络教研活动时，在网络课堂上学生可以放下顾虑，畅所欲言，促进学生自主学习。

另外，线下走校制难点在如何有效评价学生，做到合理评价，注重实效。对于学生评价既要注重过程，又要重视显性的结果，利用大数据掌握、分析学生群体、学生个人在学习中情绪、注意、参与、交往、思维和生成等状态。建立明晰的评价监督制度。

二、评大英中学胡瑾芝"高中心理健康教育选修课系列课程"

2020年5月6日，在线走校心理健康教育在四川省大英中学正式开课，包括"初识心理健康、认识自己、思维导图、我的情绪我做主、笑对压力"等内容，体系相对完整并有所侧重，作为非高考科目的心理选修，拓宽了校区之间的课程边界，充分借助智慧教育生态在线课程平台，于虚拟的网络云端实化共建健康心理体系。

高中阶段教育时期正处于青少年中晚期，是青少年学习能力、人际交往能力、社会适应能力和自我调节能力培养的重要时期。《教育规划纲要》明确指出高中阶段教育需要"全面提高普通高中学生综合素质""并建立学生发展指导制度，加强对学生的理想、心理、学业等多方面指导"。

（一）教学实录节选

师：学校心理健康教育内容包括自我认知、学会学习、人际交往、情绪调适、升学择业、生活和社会适应。

自我认知：加强自我认识，客观地评价自己，确立正确的自我意识，树立人生理想和信念，形成正确的世界观、人生观和价值观；"我的自画像""自我盾牌""自我探索（气质类型、兴趣、爱好、能力、职业倾向）"。

学会学习：掌握学习策略，开发学习潜能，提高学习效率，积极应对考试压力，克服考试焦虑；思维导图、时间四象限法则、费曼技巧、放松训练。

人际交往：正确认识自己的人际关系状况，培养人际沟通能力，促进人与人之间的积极情感反应和体验，正确对待和异性同伴的交往；人际交往原则、倾听练习、沟通技巧、与异性同伴正确相处。

情绪调适：恰当地、正确地体验情绪和表达情绪，并对自己的情绪进行有效管理；NLP简快疗法、情绪ABC理论、合理宣泄。

升学择业：把握升学选择的方向，培养职业规划意识，树立早期职业发展目标，进行升学就业的选择和准备生涯规划。

生活和社会适应：逐步适应生活和社会的各种变化，着重培养应对失败和挫折的能力，培养担当意识和社会责任感；适应方式、正确应对挫折、合理归因。

…………

师："我的番茄"——番茄的特点？

如何找到的？

找到后（没找到）的感觉如何？

找番茄的练习给自己哪些启发？

师："我的自画像"——把自己心中最能代表自己的形象画出来。

…………

师："我的情绪我做主"——我们平时有哪些情绪？遇到情绪不好的时候，你是怎么做的？

有没有一些比较好的做法可以和大家分享？

…………

师：放松训练有呼吸放松法、全身扫描放松法、大自然冥想放松法。

（二）实录点评

（1）拓宽校际课程边界。

心理健康课程与智慧教育教学服务系统相结合，既拓宽了校际课程的边界，同时也借助智慧教育平台于线上体系化建构课程内容。学校心理健康的主渠道和重要抓手是课程，既指向专业的心理健康课程，也指向学科的渗透课程。胡老师的"高中心理健康教育选修课系列课程"包括"初识心理健康、认识自己、思维导图、我的情绪我做主、笑对压力"五大单元，每个单元下列相对完整的课程内容。初识心理健康包括"心理健康、心理健康与心理不健康、学校心理健康教育和心理咨询、学校心理健康教育内容"；认识自己包括"我的番茄""我的自画像"；思维导图则主要与学生学习挂钩，分为两课时，引导学生运用思维导图，画出好成绩；"我的情绪我做主"包括"初识情绪、情绪ABC理论"；"笑对压力"包括"我的压力源、缓解压力的方法、压力与学习倒'U'形图、绘画'未来的我'"。既注重高中学生的实际，关涉心理学专业知识相对完整体系的构建，又体现了学科之间的渗透，拓宽了课程边界。

（2）授课内容与形式丰富多样。

学校心理健康教育课程的着眼点是全体学生，早期的以知识传播为主的单一内容，变为强调活动、体验、应用为主的多样化内容；授课形式从早期的讲授为主，逐渐过渡到以活动、游戏、调查、体验、实践兼具，通过贴近学生生活经验的活动和有趣的课堂设计，使学生在做中学，在活动中学，经由体验内化为自己的人格与心理特质，从而较好地实现了心理健康的教育目标。胡老师在专业知识的传授中立足学生体验，如让学生自我画像、画出自己的学习思维导图、圈出自己的压力源、绘未来的我等等，切实让学生在活动体验中去应用；适时穿插各类游戏、调查，充分激发了学生的学习兴趣和积极性；同时辅以音乐、视频播放等方式，改变单一的授课形式，让学生学得有趣、学得灵活，学有所获。

胡瑾芝老师的"高中心理健康教育选修课系列课程"在线授课，既融合了教师的备课智慧，提供了教师交流的资源；也积极关注、干预、健康学生心理。通过案例、故事、活动等设定的教学情境，引发学生情感共鸣和认知冲突，学会自我认知、自我调节，转变情绪，在学习学科知识的同时，提升自己的心理智慧，积极面对人生。

（3）不足之处。

①缺少及时、动态的发展性评价反馈。

高中生的心理健康水平是一个动态的发展变化过程，因此在课堂反馈评价方式应从静态的心理测量逐渐到动态的发展性评价。但因为受到网络条件的限制，不能及时直观地建立学生的心理健康评价档案（线下除外），导致学生可能停留在感知的层面，没有深入剖析。及时动态的发展性评价，既指向教学的要素（教师、学生、教学），也指向课堂特点。

②个体差异、区域差异、性别差异体现不充分。

高中生的心理健康水平存在很明显的个体差异、区域差异、性别差异。出于生理和心理两方面因素考虑，高中生的个体心理需求有差异，如女生因为进入青春期后在行为上受到更多的限制，在对未来的选择方面也受到许多限制，女生的心理健康问题应该受到更多的重视。

三、评乐至中学陈荣"宏大主题　宇宙意识　高远境界"课例

新一轮高考改革内容，本次改革较前几次改革相比，学生自主选科考试、多元录取机制成为本次改革的亮点，这两项改革内容又不可避免地触及和引发教学组织形式的调适与变革。语文学科作为肩负着培养当代中学生的人文素养，传承中华民族优秀文化艰巨使命的重要学科，一直走在教学改革的前沿。语文教学采用在线走校模式势在必行。本课"宏大主题　宇宙意识　高远境界——感知这几年高考作文命题特点"就是在此背景下应运而生，探索"在线走校制"运用于语文学科实践路径。

（一）"宏大主题　宇宙意识　高远境界——感知这几年高考作文命题特点"概述及实录节选

（1）教学实录概述。

作文一直是高中语文教学的重难点，常常是师生付出大量时间与精力，但收效甚微。而近年高考作文越来越强调对学生必备知识、关键能力、学科素养和核

心价值的综合考查。近年来的高考宏大主题作文能够最大限度地考查学生的分析评价能力、归纳推理能力、想象能力，带来了一定的教学挑战。本课就是依据这几年高考作文命题特点从作文宏大的立意——宇宙意识出发，针对当下学生作文实际需要，设计本课。"千古文章立意高"，"意"是写作的目的，也是文章的灵魂和中心。本课教学资源丰富，是陈老师在充分分析和研究近年来高考作文的基础上的思考和分享。首先，从学生作文的思想幼稚、素材陈旧、逻辑散乱、语言平庸等问题出发，引出解决这些问题最重要的因素——立意与境界；然后引出本课教学内容——宇宙意识的概念，并运用教材示例、写作借鉴片段欣赏等丰富多样的方式让学生从理论到实例理解宇宙意识；最后，通过课堂训练的方式教会学生运用宇宙意识立意。

（2）教学实录节选。

师："宇宙意识"概括为一句话，就是认识到人在宇宙中的有限和渺小之后，致力提升自我的精神境界，不以心为形役，汲汲于名利，不自我中心而心怀谦敬，充分发挥人之为人的主体性，以己之创造来造福社会、民族与人类，在天地之间，修炼成一个大写的真正的"人"。

宇宙意识是一种高层次的精神现象，如果观念与活动能渗透这种意识的话，就会让你的精神气象和言行呈现（也包括写作）与众不同。

师：同学们，以下是关于宇宙意识教材上的示例：

① "鸷鸟之不群兮，自前世而固然。何方圜之能周兮，夫孰异道而相安？屈心而抑志兮，忍尤而攘诟。伏清白以死直兮，固前圣之所厚。"（屈原《离骚》）

——作者追溯历史，在前贤身上找到坚守自我高洁的精神支柱，进而实现自我精神的救赎。

② "天高地迥，觉宇宙之无穷；兴尽悲来，识盈虚之有数。……呜乎！胜地不常，盛筵难再；兰亭已矣，梓泽丘墟。"（王勃《滕王阁序》）

③ "千古江山，英雄无觅，孙仲谋处。舞榭歌台，风流总被，雨打风吹去。"（辛弃疾《永遇乐·京口北固亭怀古》）

——面对无穷之宇宙，永恒之天地，痛感人生短暂、生命易逝、世事无常。

④ "寄蜉蝣于天地，渺沧海之一粟。哀吾生之须臾，羡长江之无穷。"（苏

轼《赤壁赋》）

——以宇宙为参照点，哀伤生命的渺小与短暂。

⑤生之本质在于死。因此只有乐于生的人才能真正不感到死之苦恼。享受生活要讲究方法。我自认为比别人多享受到一倍的生活，因为生活乐趣的大小是随着我们对生活的关心程度而定的。尤其在此刻，我眼看生命的时光不多，我就愈想增加生命的分量。我想靠迅速抓紧时间，去留住稍纵即逝的日子；我想凭时间的有效利用，去弥补匆匆流逝的光阴。剩下的生命愈是短暂，我愈要使之过得丰盈充实。（蒙田《热爱生命》）

——表达了死的必然和珍惜时间、热爱生命的态度。

…………

师：写作，就是自我存在的一种确证，其本质是要表达自我高远的精神境界和卓越的思想认识。当我们尝试与天地精神相往来，尝试上升到宏阔宇宙的高度而拥有"宇宙意识"时，我们或许可以俯瞰自然万象与世间百态，俯瞰茫茫尘世中自我的命运与人生。当你初具这样的精神境界时，你表达得深刻高远，不过是心灵胸臆的自然流露，你和你的文字，已经远离了平庸。

总之：有何等襟抱，有何等文字。

…………

（二）课程优势及特色

（1）优化课程，促进教师专业发展。

传统教学中，高中语文教师应该具备广博精深的学科知识，既要掌握文学、语言学、文字学等专业知识，又要阅读古今中外浩如烟海的文学、文学理论作品，深谙学科知识各个版块的教学技能，但是个体时间、精力的有限性使得教师们总是十个指头弹钢琴，难以对具体的学科知识和教学技能做到深耕细作。借助在线走校平台教师可根据本人、本校的学科优势、特色及兴趣依据实际需要及目标开发课程。陈老师选择了语文教学中作文教学，将作文教学贴近高考变化趋势，细化作文教学，从作文立意细化为不同教学角度和教学内容，使作文教学实践更精细。因此，教师根据自身特长和兴趣，选择开设相应版块或者知识点，不同教师负责不同的课程，这样有利于发挥教师特长，促使教师专业化发展，提升教学质量。

丰富多样化的选课不仅是机遇更是挑战，因此，学校必须要积极利用相关资源，对课程内容进行优化，还应当对课程进行统筹安排，对语文选课的数量以内容进行科学合理化的设置。比如可将语文课分成三大版块，分别是基础知识、阅读、写作，每位老师只研究并教授其中的一块内容，便于老师在某一方面的钻研，也有利于课堂教学时对该内容的延伸。又如针对不同年级学生学习需要与问题开设不同课程，高一学业较为轻松，可开设《史记》等作品的整本书阅读、《论语》等先秦诸子散文诵读，古代文化常识可以适当开设丰富多样的语文选课，不断提升学生的语文素养。对于高二、高三的学生，应当针对高考备考实际需要，开设语文论述类文本阅读、古代诗歌、小说和散文、作文、新闻阅读等。这样学校可以充分利用研究成果以及专业优势，形成学校特色课程，并且跨校进一步扩大课程的深度以及广度。

（2）因材施教，促进学生个性化发展。

高中生的语文学习水平发展极不均衡。经过了小学六年、初中三年的语文能力的培养和积淀，升入到高中的学生语文成绩相差很大。究其根本性，还是因为各个学生在这些年形成的语文能力，对待语文的兴趣态度、学习方法、学习习惯不一样，造成了各自的语文素养的千差万别。我们传统课堂的同一目标、内容、计划、教学方法，运用于语文素养千差万别的学生上，显然会有一些弊端，在目前传统的班级授课制教学模式下，不同语文水平的学生却只能接受同样的授课内容，有些语文成绩好的同学难以获得实质的进步，语文水平较低的同学却难以跟上课程的进度。此外，这种大一统的教学模式也使得基础知识更加受到重视，阅读、写作等需要大量语言性练习的技能则成为语文学习普遍的难点。因此，传统的班级授课制教学模式不能满足学生个性化、多样化的发展需求。

语文在线走校教学模式满足因材施教的需求，学生上课将不再拘泥于一个语文课堂以及同一个语文老师，相反，学生可以根据自己的语文学习程度和兴趣愿望选择适合自身发展的层次班级上课，不同层次的班级，其教学内容、教学程度、教学进度以及课程要求都不同，考试和作业的难度也是有差异的。学生可以根据自身学习需要、兴趣自主选择课程，制定个性化课程计划。其核心内涵便是将选择权交给学生。因此，因材施教应当是选课走班制的核心思想，要强化学生的主体性，改变传统的教学局面，发挥学生学习的自主性和主动性。例如本课所关注的高考作文新趋势——宏大立意，最大限度地考查学生的分析评价能力、归纳推理能力、想象能力。而立意能力的生成是一个发展动态的过程，离不开自身个性，敏捷的思维，较高的认识水平以及健康宽广的性格与胸怀。在这个层面上如何引导学生个性化发展，是语文老师的必修课，同样也体现了语文这门学科人文性与工具性的统一。这种大范围、流动性的分层次教学，不仅增加了学生与老师以及学生与学生之间的交流机会，并且较好地适应了新的语文高考改革制度。

（三）问题的发现和讨论

（1）教学的设计与管理。

开展在线走班制教学，学校需要建设与在线走班制教学相匹配的管理和课程体系。需要改进班级管理工作，确保走班制的顺利实施。走班制客观上要求班级管理工作更加细化和深化，要适应在线走班制的特点和内在要求。在教师方面，走班制教学对教师的知识素养、能力水平各个方面都有较高的要求。在走班制教学下，教师基于学生的基本情况的了解，包括能力水平、学习偏好和个性化需求，帮助学生进行差异化的学习。走班制教学课程的教学设计不能完全照搬传统课堂。教师需要根据学生情况调整教学目标、教学行为和评价方式。

（2）考核与评价。

传统的对学生的评价比较强调量化评价，然而在线走班后学生在学习习惯、学习兴趣、学习态度等方面的变化与发展，在短时间内，通过量化的成绩无法显示出来。另外，评价不同层次的学生学习状况可以有不同的标准，我们可以用评语激励、观察记录等质性评价肯定学生的进步与发展。这就需要采用量化评价与质性评价的双重评价机制。在线走校制借助网络平台，能够全程记录下学生在校的行为表现，提高过程性评价的准确性，提高教师教学的针对性。

第四节　在线走校大事记

新冠疫情阻断了149跨区域教育联盟的线下亲密活动，却无法阻断联盟在线上的抱团成长。身体远了，心却近了，一张神奇的互联网，实现了天涯若比邻的美好愿望。为促进教育现代化，促进优质教育资源的共享共建，并加强不同区域之间的融合发展，149教育联盟开展了数期名师在线走校选修课的教学活动。

一、2020年5月6日——149跨区域教育联盟春季学期在线走校选修课正式开课

开设的在线选修课程主要有双流中学的"小创客，大设计"，西北中学的"生涯规划"、大弯中学的"剪纸"、大英中学的"心理健康"，听课的学生来自联盟各所学校。自此，九校联盟正式跨入了课程"走云"、学生走校、教师走网的征程，向教育的现代化迈出了坚实的一步。

二、2020年6月17日——149跨区域教育联盟春季学期在线走校选修课圆满结束

从5月初开始，到6月中旬结束，在线走校选修课开展的时间虽短，却带来了满满的收获。虽困难重重，但有心人天不负，本期在线走校加强了联盟学校之间的联系，实现了联盟内各校的特色课程共享，丰富了学生的知识，促进了教师的专业发展。

三、2020年10月14日——149跨区域教育联盟开启秋季学期的在线走校选修课

联盟总结春季学期经验，决定各校开设在线走校选修课的时间自行决定，每所学校重点将大家共同关注的高考难题作为选修课开设。乐至中学蒲景建老师开设了"高中物理高考常考点突破"，乐至中学的陈荣老师开设了"高考作文训练"，双流中学语文组开设了"思辨性议论文写作思维训练"，聚焦高考学科，云端共克难题。

　　课程开展初期，由于各校发展不均衡，硬件、软件等设施设备也很难做到相互适应，且各校的作息时间也不一致，在线走校选修课的开设遇到了许多困难。但经过联盟中各位老师的不懈沟通和协商，终于形成了大家都统一认可的实施方案。比如，针对作息时间不一致的问题，联盟统一要求授课学校选择具有回放功能的平台进行授课；针对设施设备不适应的问题，联盟要求各校使用普及比较广泛的腾讯课堂极速版进行授课或听课；针对各校发展不平衡的问题，联盟则采用自主申报在线走校选修课的形式来突破困局。没有教材，教师便主动研发相关材料，力求为听讲的学生们提供最精彩的课堂，而学生也对在线走校选修课程兴趣满满。

　　我们相信，众人拾柴火焰高，只要大家群策群力，随着信息技术的成熟和5G时代的到来，互动课程资源将发挥越来越大的作用。

第八章

智慧教育生态培育中的联动教研

　　传统教研受制于学校教育生态环境，依赖校内教研组成员，着眼教学实际问题，借助组内教育资源，形成了一个较为封闭的教研共同体。[①] 由于专业能力有限、思维定式明显，容易导致话语同质。[②] 近几年，国务院、教育部陆续发布了《中国学生发展核心素养》《中国教育现代化2035》《关于实施全国中小学教师信息技术应用能力提升工程2.0的意见》等十多个文件。文件明确指出，加快信息化时代教育变革，推动教师主动转变教育理念、教学手段和评价机制。在信息化成为当今时代发展不可逆转的潮流，传统的教育模式显然不能适应新时代的人才需求。而智慧教研以智慧教育生态环境为基础，以信息技术为支撑，形成了多维空间的开放互通，优化了教研生态环境[③]；具有开放性、拓展性、共享性及能量集聚性等特点的智慧教研，是走向智慧教育的重要路径。149跨区域联盟运用信息技术，开展突破时空界限的线上、线下相结合的远程联动教研，组建联动教研共同体促进教师专业发展，联动教研顺应时代发展趋势，反思传统教学的深层问题，引入智慧教研的教学理念，借助教育联盟平台，运用信息技术手段，开展突破时空界限的远程联动教研，逐渐形成了破解教研模式陈旧、效能低下的现实难题的路径与策略，以此促进智慧教育的实践研究，跟进教育现代化的深入进程。联动教研自组建之日起，就在智慧教育之路上起跑、越障和向前奔。一个多层联动、抱团攻关的智慧联动教研生态样态逐渐清晰地呈现出来。

---

① 赵敏，蔺海沣. 校本教研共同体建构：从"共存"走向"共生"[J].教育研究，2016（12）：112-118.
② 刘浩. 校际联合教研的问题及对策[J].教学与管理，2018（8）：39-40.
③ 胡小勇，徐欢云. "互联网＋教研"形态研究：内涵、特征与趋势[J]. 理论探讨，2020（2）：11-15.

第一节　联动教研概述

149教育联盟联动教研的组建，是自主需求与行政安排的"两相情愿"，是学习研究、改革实践、创新奋进的"三维同构"，是信息技术与教育融合的"试水结盟"。联盟联动教研自组建之日起，一个多层联动、抱团攻关的智慧联动教研生态共同体已在蓬勃发展。跨区域联盟组建教研共同体是促进教师专业发展的重要途径之一，我们顺应时代发展趋势，反思传统教学的深层问题，引入智慧教研的教学理念，借助教育联盟平台，运用信息技术手段，开展突破时空界限的远程联动教研，逐渐形成了破解教研模式陈旧、效能低下的现实难题的路径与策略，以此促进智慧教育的实践研究，跟进教育现代化的深入进程。同时联盟学校的教师，在联盟机制的促进下，变被动为主动，以接纳的态度、克难的精神、创新的思维、务实的行动领悟智慧教育价值，提升智慧教育能力，共寻智慧教育策略，交流智慧教育经验，在互动互助中解决自己的问题，破解共同的难题，积累了智慧教育困境突围的初步经验。

一、远程教研的目标

为落实教师实践共同体的发展，打造跨区域远程教研平台，依托腾讯智慧教育云平台中的远程会议系统和智慧教室互动系统，开展跨区域、跨校区远程在线互动教研活动，以学科教研组为单位，成立校区之间的教学研究小组，定时、定期利用视频会议系统进行共享教研。教研小组的教研形式不局限于互动交流、讨论，还可以通过远程互动教室进行课件展示、课程模拟等，使远程教研活动进入常态化应用。

远程教研主要由校区分管教学的领导和教科室主任负责安排，各学科教研组长承担相关研讨活动的开展和会后的一系列工作。远程教研的时间、地点、主题和中心发言人由校区之间教研组长协商确定，并在开学之初申报主管教学的协调组和研究组领导，确定参会人员和地点。原则上时间安排在各学科定时的教研会上，学科全员参加。每学期每个学科组至少开展两次远程教研活动。

（一）实体资源目标

单独一所学校储备的资源是有限的，出于效率的原因，不适合本校教师认知方式和能力层次的资源将缺乏有效的保存和整理。共享在线课程资源建设，可针对不同认知方式和能力层次的教师，建立起覆盖度更好的资源体系，能满足不同层次及不同形式的资源需要。其表现形式包括且不限于文字、图表、视频、模拟动画、互动游戏等，使用形式包括教案、学案、课程记录、试题、重难点、易错点、思维误区等，认知程度包括背景引入、预备知识、概念建立、分析综合、拓展延伸等，能满足搭建课堂要素的全部需要。

（二）信息化平台目标

信息化平台功能单一，平台上资源的利用将受到极大限制。联动培育集合了多所学校的资源，使平台建设的成本下降，使单一学校无法完成的较大型信息化平台可以搭建完成。共享在线课程资源建设要求信息化平台具有良好的数据存取能力、文件格式支持、用户界面体验。能置备算法，为教师和学生有针对性地、适量地、动态地、智能地推荐资源。在此基础上，可以利用此平台对课程组织形式进行改良，建设资源双向多层选择机制，弥补由单一学校组织课程产生的课程种类较为单一、机械的不足。利用平台组织教学，搭建跨校选课学习机制。经由信息化平台搜集教师和学生在使用中的意见和建议，并加以调试，最终要达到学生通过使用这些资源，使学习活动充分发生，整个课堂的双向信息交流达到一种高密度状态，从而打破单一学校信息化平台的局限性。

（三）资源管理目标

如果相关人员没有智慧教育意识或操作不熟练，缺乏有效管理，那么也不能很好地发挥联动教育的优势。如果教师、学生、家长和社会具有智慧教育生态联动的概念，那么就可以产生足够的认可。教师和学生要学会平台系统的操作方法。要建立教育教学资源研究体制，形成可持续的课程资源开发状态，保证课程资源的新陈代谢。要进行信息平台维护，对学生和教师在学习过程中发现的问题和提出的意见进行及时的处理。要找出课程资源评价模式和建设方向，使智慧教育生态联动的理念、策略和执行保持一致性、有效性和发展性。

二、联动教研促进教育联盟的多元升级

149联盟以实现跨区域高中优质教育资源的融合发展，促进教育均衡为目标，利用腾讯智慧校园云平台，实现联盟体管理和联盟学校教师、教学、资源四个维度的全面升级。

（一）管理联动优化

打造跨区域智慧教育生态系统，须以统整的思维加强互动融合，在联盟管理上优化布局，形成一个紧密型、有机型的整体管理机制。

1. 建立分工协作机制

成立联盟协调组，专门负责落实各种生态系统建设的布置和人员交流的协调；成立联盟督导组，负责全程跟踪生态系统建设的操作实施过程，并及时反馈生态互动实践的相关信息。组成智慧教育生态系统研究组，专门从事教育生态构建的调查研究、行政决策研究、教育生态制度研究、构建措施研究和经费投入研究。

2. 管理机制高效运行

第一，对联盟各校进行全面摸底调查，总结出学校各自的优势和劣势、不同点和相似点，寻找学校建立教育联盟的基础，摸索跨区域校区的共同发展愿景和各自对学校发展能起到的借鉴作用。

第二，在调查研究结束后，建立协调组。协调组根据调查结论，一起协商、讨论，建立跨区域发展共同体，同时树立联盟发展的共同愿景和各学校的发展愿景。

第三，在建立联盟共同愿景和各所学校发展愿景的指导下，建立研究组，结合学校特点，共同制定跨区域智慧教育生态系统建设的各项制度、措施。

第四，在制度、措施制定完成之后，建立督导组，将制度、措施落实在操作层面，并在实践中调整相关行为，为进一步改进、补充、完善互动融合制度、措施做准备。

综上，在操作实践的基础上，反思前面所制定的相关制度、措施，对跨区域

智慧教育生态系统的制度、措施进行改进、补充、完善，为新一轮的互动融合实践做好准备。

（二）教师联动发展

为增强智慧教育生态培育的核心力量，149跨区域教育联盟整体设计、构建了跨校师徒结对、教师工作坊和名师工作室"三师"融合的专业成长路径。

跨校师徒结对。以学科教研组为单位，成立联盟学校之间的教学研究对接小组，构建师徒对接机制，带领徒弟入格、入规。由跨区域智慧教育生态系统研究组负责制订《教师师徒对接规划书》。

教师工作坊。建立教育联盟跨校区教师工作坊，探索跨校区智慧教育背景下教师实践共同体的融合机制，由跨区域智慧教育生态系统研究组负责制订《教师工作坊规划书》，并负责指导活动开展和考核验收。

名师工作室。在联盟内推举特级教师、省优秀教师、市学科带头人作为领衔人，成立名师工作室，工作室成员由各校推荐骨干教师组成。名师工作室的周期为三年，对成员的专业水平进行系统而有序的提升。每个学年度联盟要对名师工作室的工作进行考核，一个周期结束后，工作室成员的学习结果要接受区、县教育局的验收。

"三师"融合发展的核心内容是深度学习，支撑条件是知识、数字资源、信息技术，活动载体是党建联动、教学模式探索、教学设计打造、信息素养提升、学科节活动、云端课程建设、研学社团活动、联席会议，保障条件是西南大学深度研学研究团队、149跨区域教育联盟研究团、149跨区域教育联盟智慧管理平台。其中，活动载体中的党建联动在于促进教师忠诚党的教育事业，坚定树立起终身从教的职业信念和高度的职业责任感，建设党建共同体，抓好师德建设，增强教师时不我待、不断奋进的紧迫感和重任在肩、义不容辞的使命感。

（三）教学联动提质

149跨区域教育联盟坚持开放和共享的原则，以共生课堂理念构建与践行促进区域之间、校区之间的课堂教学改革与提质。此目标借助智慧教育平台具体达成。

1. 构建学生学习共同体

校区之间形成学生学习共同体，这个共同体是一个大系统，体系内部既有竞争，又有联手。尽管其属性不同，但在整个环境中，各个系统间存在着相互影响而又相互合作的关系。

借助互联网技术、智能终端设备及教育云平台的支持，在课堂教学中充分体现深度学习（D课堂）的理念，在校区之间逐渐加大"互联网＋深度学习"的探索推广力度。

基于互联网的智慧课堂教学原则，即学为根本、先学后教、合作互动、妙手释疑、个性拓展，进一步探索深度学习教学与信息技术的深度融合，优化教学课前预习反馈、实时数据出现，课中立体互动、师生持续沟通，课后个性辅导，兼顾学生差异等各个环节。

2. 跨区域在线走校教学

联盟学校找到自身的优势学科，建立优势特色学科跨区域在线走校制度，提升学生全学科发展水平。具体为：依托跨校区智慧教育生态系统，在互联网虚拟空间形成由教师、学生、课程、环境与技术共同组成的课堂生态系统。学生利用移动终端（平板电脑等）进行线上学习，完成在线走校课程的学习任务，教学资源包括每门学科的课件及课件素材（文字、图片、视频、动画等），且具体到每一节课或每个知识点。教师不仅能利用智慧教育平台中的微课资源库和教学系统丰富的教学内容，还能快捷地找到合适的资源或利用备好的课件直接授课，这样节省了师生时间和空间上的走校成本，优化了信息传递和信息交互方式。

3. 在线深度学习课堂联动

为学生提供丰富的多元化、个性化的课程资源，校区之间发挥各自课程优势，借助智慧教育生态系统，打造共享、共生的在线深度学习课堂，建立各校区各学科形式多样、各具特色的优质在线课程。如，创客课程、在线虚拟现实（VR）课程。开设跨学科融合课程，如生物、化学、信息技术融合课程；开展高中阶段研究性在线学习课程，从而满足学生多元化、个性化的需求。

为保障教学联动提质，可以从以下两个方面提升教师的教学力：一是通过远程教研，开展跨区域、跨校区远程在线互动教研活动，以学科教研组为单位，定时、定期利用视频会议系统共享教研。二是集体备课，在跨校区之间教研组内部、在不同学科之间进行集体备课。借助腾讯智慧教育云平台智慧课堂教学的网络优势条件，开展基于深度学习的集体备课。

（四）优质资源共建

1. 数字化教学资源建设

按照同步规划、同步建设、同步运营的原则，打造跨校区智慧教育共享平台，实现多终端、多系统的访问接入，将远程教研、集体备课、师徒对接、教师工作坊、名师工作室的全过程资源进行整合，通过优质学科教案、课件、试题、教学录像、微课等数字化教学资源的协同共享，教师可以在课前备课、课中上课、课后作业时共享跨校资源，以便更好地服务于教学的全过程。从学生的角度，跨校区资源不仅应保存个人课程和学业信息，更应保留在校期间全生命周期的完整数据，包括学生课程信息、电子档案、电子书包等。从跨区域学校管理者的角度共享，整合各年级、各学科的全生态数字资源，丰富平台资源内容，提升数据和资源的质量，以形成一套跨区域的共享教学资源库。

资源库建设应由各校区教学研究组统一管理，信息中心统一维护，定期对资源内容进行清理和排查，保障共建资源能有效运营，实现各校区之间资源有效地共享与共建。

2. 选修课程资源建设

联盟学校学生互选联盟学校间的优质在线课程并参加学习，可以极大地丰富校区之间的课程内容，拓宽课程的边界。利用教育联盟各学校创客教室、互动教室、录播教室等优质硬件资源，形成校区间的在线选修课程互动模式，实现校区之间同步在线互动授课和课程互动共享。其中，自动录播教室在智慧教育平台内完成同步课堂的观摩；互访直播录播教室系统实现跨区域在线听课、课例观摩、选修课程等活动的开展。

3. 特色教学资源建设

根据成都市教育局《关于进一步深化区域教育联盟发展的意见》的要求，积极推动资源共享和区域合作，促进研学旅行共建共享，充分挖掘联盟各方的校外教育资源。依托学校自身发展特色和学科特色，建设具有本校区优势的特色活动教室、特色学科实验室，校区间联合建设一批育人效果突出的研学旅行活动课程，开发一系列促进学生深度学习的活动项目，组织校区之间教师和学生的研学交流，共同打造全域性联动、学生受益面广泛的融合发展之路。

149跨区域教育联盟面对优质高中发展难题所进行的一系列理论探索和实践，旨在为新时代高中优质发展探寻路径、策略，创造效益、经验，促进教育优质均衡发展，满足老百姓对优质教育的需求。正在运行中的149跨区域教育联盟"得到了教育管理部门和地方政府的支持，也受到四川电视台、四川教育在线等多家媒体的关注。为持续走好跨区域教育联盟发展之路，我们通过分析反思，明确了今后还需在以下几方面强力作为：进一步增强联盟学校和教师自主发展的动力，进一步更新教师的人才培养观念，进一步落实资金、完善设施，进一步提升教师的现代教育技术和信息素养，进一步优化联动发展的智慧平台，进一步完善大数据的汇聚与分析系统。我们相信，只要坚持不懈地作为，随着信息技术的成熟发展和5G时代的到来，149跨区域教育联盟所遇到的问题将会逐一得到解决，所期待的前景自会到来。

第二节　联动教研的实施路径及意义

当今数字化、信息化、智慧化已成为时代发展不可逆转的潮流，传统的教育教学模式显然不能适应新时代对人才培养的需求。而智慧教研以智慧教育生态环境为基础，以信息科学技术为支撑，形成了多维空间的开放互通，优化了教研生态环境[①]；具有开放性、拓展性、共享性及能量集聚性等特点的智慧教研，是教研走向智慧教育的重要路径。目前，149跨区域联盟运用信息技术，开展突破时空界限的联盟学校线上、线下相结合的远程联动教研，形成破解教研形式陈旧、效能低下的现实难题与策略，以此促进智慧教育的研究和实践，跟进教育现代化。同时通过149教育联盟这个平台，各联盟学校原本孤立的教学研究活动得到很好地整合和优化，老师、同学的问题、困境、反馈、意见、建议等在这里碰撞出火花，变成一件件成果，特色的教育资源逐渐形成，为我们的教育事业高质量

---

① 胡小勇，徐欢云. "互联网＋教研"形态研究：内涵、特征与趋势[J]. 理论探讨，2020（2）：11-15.

发展做出新的贡献。

一、搭建平台，拓展时空

联动智慧教研是基于网络研修平台开展的教师研训活动，以专业指导为目的、技术支持为手段，依托网络信息平台开展教研的新形式，充分利用网络信息资源，实现校际间交流合作，提升教研工作质量，让联动智慧教研有家有园。

（一）打通校际间壁垒，搭建智慧共享平台

149教育联盟是以双流中学为领航学校，联合西北中学、大弯中学、新津中学、三星中学、永安中学、乐至中学、大英中学、万源中学，跨越成都市、遂宁市、资阳市、达州市四个城市共同组成的九校教育联盟，同时联盟与西南大学教育学部深度学习研究中心形成合作关系。149教育联盟以智慧教育生态培育为指导思想，以实现高中优质教育资源的融合发展，促进教育优质均衡为共同愿景，以在联动中谋求自身发展为合作理念，以期通过联盟的共同努力，在九校之间，形成在管理、教师、教学、资源等方面的智慧联动模式，搭建"人人、时时、处处"均可使用任何设备的线上操作平台，实现九校之间的学生、教师、教育管理者、家长等通过台式电脑、笔记本电脑、平板电脑、智能手机、交互白板等工具，在教室、校园、家庭等场所共生、共建、共行、共享、共赢的智慧教育生态局面。

智慧教育生态局面的创建需要优秀的智慧平台支持，因此，联盟借助企业微信平台搭建了联盟智慧管理平台，平台是联盟进行计划、组织、指挥、协调、控制及一切活动的主要阵地。第一，智慧管理平台的高效便捷性。联盟涉及的不同区、校、行政事业单位，各级各类组织职能不一，联盟活动方式多样，活动周期较长，借助智慧管理平台，联盟提前公布该学年的年、月、周工作计划和活动安排，使每位教师心中有数，目标明确。联盟定期通过平台召开工作会议、联席会议等，汇报工作、跟进各项工作的完成情况。期末、月末或者完成阶段性任务，借助相关技术、人员平台会形成相关月报、总结、过程性材料，有力地保障了智慧教育生态培育活动的开展，大大提高了联盟发展的工作效率。第二，智慧管理平台的灵活性。联盟各校教研时间分散、教师队伍庞大、工作距离较远，借助智

慧管理平台，一方面可以实时开展网络课程直播、在线培训、视频会议、远程协同管理等活动，另一方面还可以上传教学资源、发布活动安排、共享联盟数据等非实时内容，把所有可以集成的信息资源都汇聚起来，同时给任何有需要的对象共享，实现了"时时、人人、处处"的联合教研，增强了联盟工作的灵活性。第三，智慧管理平台的易用性。联盟学校校际差异较大，师资和生源发展不协调，长期存在教研成果同质严重、观念滞后、效能不足等问题，利用智慧管理平台，实现信息的及时传递、远程会议的召开、远程教研的进行、文档的协作、资源的共建共享、在线走校选修课的开设、深度研学社团的建设等，既为教师提供了量身定做的教育资源、个性化的教研手段、实时互动的交流平台，又促进了线上和线下、校内和校外、区域内和区域外的深度互动，加强了多元主体、多元知识、多元经验之间的高度融合，这些成果便于广泛运用在日常教学工作中，提升了教育质量。

（二）促进教师个人发展，实现区域教育资源共享

跨区域联盟一个重要的优势在于能够在合作中优势互补，资源共建共享。联盟共建共享资源包括：一是数字化教学资源建设，按照同步规划、同步建设、同步运营的原则，将远程教研、集体备课、师徒对接、教师工作坊、名师工作室的全过程资源进行整合，通过优质学科教案、课件、试题、教学录像、微课等数字化教学资源的协同共享，教师可以将共享的跨校资源更好地服务于教学的全过程。二是在线选修课程建设，其中支持教师互访直播录播教室系统实现跨区域在线听课、课例观摩、选修课程等活动的开展。三是特色教学资源建设。联盟积极推动资源共享和区域合作，依托学校自身发展特色和学科特色，建设具有本校区优势的特色活动教室，特色学科实验室等。

同时联盟组建了三大数据流通体系。一是联盟业务平台与数字化校园的数据全流通体系，二是联盟个体数据与群体分析的数据流通体系，三是跨区域教育联盟管理的数据流通体系。这些数据在大数据技术的支持下，可以用于对每个教师的教研情况进行精准诊断，为每个教师的个性化发展提供依据，对不同层次水平教师的发展具有重要意义。

二、主题选择，增知促行

主题式教研是指有明确主题或与内容相关的一系列活动组成的教研活动。主题式教研是教师有目的地解决教学问题，促进教师自我提高和专业发展的重要途径，让联动智慧教研突破难点。

（一）统一认识，迎难而上

优质高中学校应该培养怎样的人才？为了培养这样的人才，教师应该具备怎样的能力？实现教育的现代化，高中学校应该在哪些方面变革？这些都是摆在普通高中面前最现实的问题。联盟学校旨在站在历史的高位，立足于现实基础，联盟研究团队认真解读国家政策文件，仔细盘点自身优势与不足，积极听取各级领导的指导与建议，对这些根本性和深远性的问题进行探求，寻求破解的路径和策略。联盟以在联动中谋求自身发展为理念，以项目推动联盟发展为策略，以线上、线下融合的方式开展联盟活动，实现九校沿着优质的方向联动发展。其中，项目以信息技术与教育教学深度融合的核心理念为指导思想，以实现跨区域高中优质教育资源的融合发展，促进教育均衡为目标。

领航学校带领各校共同决定，聘请西南大学深度学习研究团队作为指导专家，成立了联盟研究组，基于省级课题"新时代优质高中跨区域融合发展实践研究——以149教育联盟为例"，在研究分析相关文件政策的基础上，对标新时代优质高中的新内涵，开展了一系列活动，逐步探索出了"育智慧教育生态，聚高品质发展能量"的联盟发展模式。

（二）立足实践，逐步分解

实践是解决问题的根本方法。联盟将以上摆在普通高中面前的难题，逐步分解，转化为一个个具体问题和任务。每个阶段每个活动教研都有一个明确的主题，力求扎实解决一个问题。联盟打造教师发展共同体，通过共同的实践活动，教师个体从合作中获取共同的意义与实践，从而获得各自的发展。教师的实践以具体活动为载体，联盟为促进教师发展设计了丰富多样的活动。教研包括远程教研、集体备课、"三师"融合成长、区域性党建等方式，具体活动形式包括深度学习课堂实践、学科节活动、在线走校选修课、联盟九校菜单培训、论文撰写指导、云上教科研、云端党建、名师论坛、专家讲座等。

智慧教研可以整合优质骨干力量针对学校教育教学中共同的突出问题进行集体攻关。联盟九所学校均属高中，摆在每所学校面前最现实的问题就是如何提升"高考成绩"。因此，联盟紧紧聚焦高考成绩这个痛点，围绕高考中的难点问题、核心问题开展活动。例如，在线走校选修课是针对高考学科的难点问题开设的，通过征求各校意见，本学期联盟开设了三门在线走校选修课，分别是双流中学开设"议论文写作思维训练"，乐至中学开设"高中物理高考常考点破""新课程标准在小说解读中的运用探究"。联盟九校菜单培训在联盟内开展部分学科菜单培训，如语文学科围绕不同文体写作思维的训练开展"议论文写作中的积括思维训练""记叙文写作中的铺展思维训练""议论文写作的立意思维训练""记叙文写作的立意思维""写作结构思维"等讲座和授课活动，共同攻关写作思维这一教学难点。

智慧教研汇聚教师集体智慧，针对教育教学中的难点问题，通过一系列循序渐进、主题鲜明的活动设计，在实践中探讨、创新，进而凝结成实践成果。促进教师学科素养、科研能力的提升。

三、创生模式，实践问道

创生模式是指依据教育理念，在特定的学习环境中，结合内外部经验，经过长期创造性、生产性实践，形成有特色、较成熟的教研模式的过程。智慧教研依据智慧教育理论，是在智慧教育的环境下，教研与智能技术的结合，促进教研发展方向的革新，形成教研的多元新模式，继而呈现出教研的新内涵与新面貌。

混合式协作学习理论，是指学习共同体，并在现实时空与网络虚拟时空的小组学习活动整合和群体交互、操作交互以及自我反思交互中，进行协同认知，培养协作技能与互助情感，以促进学习绩效最优化的理论与实践。通过结合线上、线下优势既可以推动共同问题的解决促进群体发展，又可以充分体现教师作为学习过程主体的主动性、积极性与创造性，让联动智慧教研有招有数。

（一）构建线上线下融合模式，跨区校线上"主题互动问道"

确定有价值、可解决的主题是主题教研的起点，是教研的灵魂，活动是教研的载体。跨区校联盟属于一种松散式的、协商式的组织体系，需要围绕共同关注的问题，才可能有机整合抱团发展。联盟学校立足于现实基础，力求探究破解一些当下教育现实性和深远性的问题。因此，149跨区域教育联盟研究团队针对不同主题和教师群体，联盟组织开展了远程教研、集体备课、名师工作坊、教师工作坊、师徒结对、论文撰写培训、深度学习等多层次、多样化的线上教研活动。

远程教研是以学科教研组为单位，成立校区之间的教学研究小组，定时、定期根据一定的主题利用视频会议系统进行共享教研。集体备课是借助腾讯智慧教育云平台进行智慧课堂教学的网络优势，开展基于深度学习的集体备课。联盟逐步探索出了"育智慧教育生态，聚高品质发展能量"的联盟发展模式，寻求攻克学校发展难题的路径。

作为联盟教师发展的核心力量"三师"融合发展中的教师工作坊，以在线展开活动为主，针对某个学科共同面对的难题，共同探讨解决这些难点的办法。教师工作坊是由各校教研组抽调人员组建，着重思考落实课程标准，以教育科研为主，解决备课组工作坊所需要的理论，分解产生备课组工作坊要解决的系列问题。教师工作坊每个学科每个年级的备课工作坊一学期解决一个棘手的问题，如语文学科中散文阅读教学、小说阅读教学、议论文写作教学等。同时，教师工作坊通过开展跨区校在线名师讲坛，专家座谈会等形式，实现优质教育资源共享，推动城乡教育快速、健康、均衡发展。

（二）校本线下个性化需求的"自主破困寻策"

依据成人学习理论，不同教师的起点、能力水平以及不尽相同的学习风格，需提供形式多样的活动方式，多方面多角度促进教师专业发展。不同教师拥有不同的教学经验，不同阶段的专业发展阶段，对于教师学习的诉求不一样，所以多元互动的学习能回应教师的不同学习需求，让他们在专业学习的过程中各取所需。联盟远程联动教研线上整体、连续、系统地解决共同问题，线下则解决教师个性化、有特色的问题。线下教研重在问题诊断、专家引领、案例示范、实践体验，帮助教师确立目标、掌握方法策略，促进教师专业发展。

联盟系统地开展了远程教研、集体备课、名师工作坊、教师工作坊、师徒结对、论文撰写培训、深度学习等多层次、多样化的活动，由教师根据自己的个体化需求自主参与。以上各个活动线下主要由校区分管教学的领导和教科室主任负责安排，各学科备课组长承担相关研讨活动的开展和会后的一系列工作。每学期联盟内领导和教师进行跨区校线下交流。交流方式采取申请和邀请两种方式。申请和邀请都在开学前的假期进行计划。线下活动如深度学习培训会议、论文撰写培训会议、师徒结对的线下活动都是针对一个主题展开，其过程就是探究、解疑、合作、交流，有利于培养教师个体及教师团队自主探究问题和解决问题的能力。通过线下面对面交流，增强共同实践体验和成员之间的情感，形成集体记忆，活动过程中实现实践创新，更好地将教师集体智慧转化为教师个人智慧的增长。

联盟大部分活动的展开都是以线上线下融合的方式进行，充分发挥线上线下各自的优势，互为补充、共同促进教师的专业发展。例如，联盟九校菜单培训借助成都市菜单培训的平台，在联盟内开展部分学科的菜单培训，采取线上与线下结合的形式。线下采用"课例（2节）＋课例点评＋学术讲座＋现场互动＋训后反思"的方式，线上采用现场直播的方式，培训时，主持线下活动学校的教师参加现场培训，其他学校的教师参加线上培训。

四、机制重建，优化过程

生态取向的教师专业发展重视在合作基础之上构建教师的发展环境，用文化的力量形塑教师的行为，并促进各个层次教师的自主发展、合作发展和高效发展。联盟教研共同体致力有效传递、分享专业知识和经验，致力凝聚团队智慧，促进共同成长，让联动智慧教研扎实有效。

（一）组织与活动运行及评价机制的建立

联盟教研整合联盟内教师的智力资源，作为教师的专业合作发展背景，使教师能运用集体的智慧发展自己的专业，构建起一种开放、互动、合作、共赢的新型教研体系，利于促进每一位教师的发展。

1. 明晰共识，文化共生

联盟以智慧教育生态培育为指导思想，以敞开胸怀、互鉴互利、联动发展、突出特色为合作理念，设计了体现智慧教育生态理念的教育联盟徽标，以此来凝聚人心，增强联盟九所学校抱团发展的信心。同时，通过联盟一系列的活动，教师在共同实践中，增强了情感和集体的归属感，营造了合作文化。

2. 异质开放，共享资源

资源库建设包括数字化教学资源建设、在线选修课程建设、特色教学资源建设，由各校区教学研究组统一管理，信息中心统一维护，定期对资源内容进行清理和排查，保障共建资源能有效运营，实现各校区之间资源的有效共享与共建。

3. 落实职责，搭建平台

联盟组织管理体系由149教育联盟领导小组、联盟协调组、督导组、研究组和协作办公室构成。其中，联盟协调组专门负责智慧教育生态系统建设的布置和人员的协调；督导组负责全程跟踪智慧教育生态系统建设的操作实施过程，反馈智慧教育生态互动实践的相关信息；研究组专门从事智慧教育生态构建的调查研究、行动决策研究、教育生态制度研究、构建措施研究、经费投入研究等。联盟在企业微信平台上搭建了联盟智慧管理平台并基于腾讯智慧校园云平台形成发展共同体。

4. 长期研习，实践创新

联盟搭建了跨区域教育联盟的智慧管理平台，以深度学习的方法与策略为实践框架，形成了"三师"融合发展的教师专业成长路径，"三师"目前成立了语文、数学、地理、物理、生物五个学科的名师工作坊，高中九大文化学科分别成立了教师工作坊，总共结成53对跨校师徒。联盟以活动为载体，教师在长期、系统的实践中改进行为，教师间通过交流、互助、共享进行创造性实践，从而促进专业能力的提升。

5. 合理评价，注重实效

对于教研活动的评价既要注重过程，又要重视显性的结果，利用大数据掌握、分析教师群体、教师个人在教研中情绪、注意、参与、交往、思维和生成等状态。建立明晰的评价监督制度。例如，名师工作坊每个学年度联盟将会对其工作进行考核，一个周期结束后，工作室成员需接受区县教育局的验收；教师工作坊由跨区域智慧教育生态研究组负责考核验收，活动实施后撰写活动简讯，收集会议过程性资料，交课题负责人处，作为教师培训、评职、评优的重要参考。

（二）线上线下融合模式创设

线上线下混合学习模式正在蓬勃发展，发展中面临的最大挑战是如何避免线下线上机械组合，实现有效融合，促进教研高效发展。要实现线上线下模式的有效融合，需要分析相关要素的融合和各参与主体。

1. 线上线下融合模式

线上线下融合模式主要体现在四个方面的融合。一是教学理念和理论的融合。智慧型教育理论、建构主义学习理论、成人学习理论等理论的融合利用。二是教学资源的融合。根据同步规划、同步建设、同步运营的原则，打造跨区校智慧教育共享平台，将远程教研、集体备课、师徒对接、教师工作坊、名师工作室的全过程资源进行整合，通过优质学科教案、课件、试题、教学录像、微课等数字化教学资源的协同共享，形成一套跨区域的教学资源共建资源库。三是教研环境的融合。学校之间、教师之间、高校专家团队与中学校之间联合互动，营造多元共享高效的平台与环境，从而推动教师的专业学习。四是教研方式的融合。通过线上线下有机结合，使智慧教研具有开放性、拓展性、生成性、共享性及能量集聚性等特点。

2. 线上线下融合模式中的多主体分析

联盟组织领导团队的领导力是融合模式创设的前提条件。跨区跨校联盟是非正式、松散的大型组织。管理协调这样的组织，完成一系列教研任务首先需要领导团队具有先进的教育理念和改革精神。其次，能够制订切实可行的教研规划和改革方案。在模式创设遇到困难时，依靠团队的专业素养、前瞻眼光和坚定信心凝聚人心，共同战胜困难、破除困境。第三，在教研展开的过程中做好协调、组织、控制和监督工作，不断以组织顶层的视角发现问题、调整模式、总结经验。还要提供支持和保障措施，要保证教研活动能够顺利开展。

教师的创造力是融合模式创设的核心要素。教研活动的主体是教师，他们分属不同学校，年龄、教龄、学科、学历、信息技术水平、教研需求均不相同，有自己独特的个人经验、资源和创造力。教研的主题针对的是教学实践中遇到的疑难问题，这些问题需要教师付出创造性劳动才能逐步解决。问题解决后形成的范例、模式在实际教学中的应用同样需要教师在掌握了新模式的内涵后，根据各自学情、教学内容和教学风格等进行有针对性的创新运用。

指导专家是融合模式的关键要素。大多数跨校跨区联盟教研都有专家团队的加入，指导专家一般是在联盟成立之初，模式创设前给予理论培训，在教研活动结束后进行总结、理论提升，参与度较小，没有充分发挥引领作用。而149联盟西南大学深度学习团队全程参与融合模式的创设。专家团队参与融合模式创设的时间节点不同，发挥的作用也不同。西南大学深度学习团队在融合模式创设之初，通过在线深度学习理论讲座、撰写论文培训等方式，为长年埋头于一线教育，先进教育理论素养相对缺乏的教师提供最新的、先进教育理论启迪和指导，并参与创设模式方案的设计。在融合模式创设发展期间，进行问题诊断与评价，指导教师把抽象的教育理论用具体的课堂教学形象地展示出来，运用新的理论来创造性解决教师面临的疑难问题，提高教师认识问题、解决问题的能力。同时，把碎片化、零散的课堂进行"典型化"还原，运用教育理论总结教育实践，并提升到理论层面。在实践中不断检验、修正理论，在理论和实践的往复循环中，提升理论和实践水平。在融合模式发展后期，对模式进行提炼和理论升华。例如，149跨区域教育联盟，在2020年秋季学期开学前开展了深度学习线下集中培训，培训后线上提交深度学习教学设计。前期理论准备工作完成后，参与深度学习的教师将深度学习理论运用于本学期教学实践的尝试。在此期间，西南大学专家指导课堂实践，各校根据情况，邀请西南大学专家到班听课并做指导，同时在线上开展深度学习的研讨会，学期中期10月或11月在大英中学开展的语文学科节活动中进行语文深度学习课堂教学大赛，检验和交流深度学习理论在课堂教学中的运用。教师从对深度学习理论不甚了解到熟练运用该理论进行课堂实践，解释和解决教学中的实际问题，专家团队在这一过程中起到了关键作用。

自2019年12月149跨区域教育联盟成立以来，智慧教研对标新时代优质高中的新内涵，有序开展了一系列活动，搭建了跨区域教育联盟的智慧管理平台、构建了促进教育生态发展的版块联动模式和数据流通体系，形成了"三师"融合发展的教师专业成长路径。这些成果得益于联盟站在共同发展的制高点——智慧教育生态，统一认知、共建合作文化，以课堂教学为抓手，聚焦共同面临的迫切问题，切实提高教师的教学水平，丰富专业知识，提高科研能力等多方位促进教师发展。联盟也加强了区域学校间的交流合作，实现教师资源和教学资源的共建共享，促进教师和学校、区域的共同发展，联盟探索发展的智慧教研将在今后的实践中不断发展、完善，以期为智慧教研新范式做出理论和实践上有益的探索。

跨校学科节的设计和实践

149教育联盟以双流中学领航、众多名校联盟的形式开启了一种全新的融合发展模式，遵循抱团发展、互助共进的理念，围绕课堂教学改革、教师专业成长等方面，已开展了多项富有成效的活动。形成共求、共行、共赢的发展共同体，力求实现管理、教师、教学、资源四个维度的全面升级。坚持以开放、共享、互鉴的原则促进联动发展，以理论指导实践、实践印证理论的思想导向，探索创新出适应学生发展、加速教师成长、助力学校腾飞的融合教育路径。各成员学校基于智慧教育生态培育理论，以跨校学科节为载体，通过深度学习和"互联网＋教育"的方式交流分享，本着广泛参与、共同成长、资源共享、文化交流、协同发展的原则，设计一系列跨校学科节活动，带动学生全员参与、教师广泛参与和学校积极参与，以活动的设计和开展联通各学校各学科，打通联盟、学校、教师、学生的沟通交流，联结学科与实际、理论与实践、经验与积累，融合各校的特色教育、融通校际间的沟通联盟、超越自我，加速前进，实现长远的成长和发展。也进一步转变教师观念，革新教育教学方式，提高教师的现代信息教育技术能力和信息素养，更新人才培养模式，加快专业化成长的步伐，推动教育教学的深化改革。为落实好跨校学科节，联盟分别从学生层面、教师层面和学校层面开展了系列活动，以此促进学生全面发展，提升教师综合素养，推动学校创新改革。

第一节　智慧教育生态培育下的跨校学科节

国际形势瞬息万变，国内发展日新月异。教育也应该立足于现实，着眼于未来，与时俱进，顺应历史发展的大趋势。借助智慧教育的东风，将先进的教育教学理念和先进的信息教育技术应用于教育、教学、管理、资源建设等，依据联盟内部的共生、共建、共享、共赢理念，将信息技术和深度学习结合，以信息技术助推课堂教学改革，建设跨校的智慧教育生态系统，营造智慧教育环境，搭建智慧教育平台，形成智慧教育空间，让学生根据自身的成长发展需求，采用混合学习、移动学习、在线学习、个性化学习等方式，来实现自主学习、小组合作学习、探究学习、研究学习、交互学习、沉浸式学习，从而满足不同学生的不同需求，形成个性化的发展，成长为创新创造型的多元化复合型人才，以适应时代发展的变化、人才培养的需求。

跨校学科节是基于腾讯智慧校园云平台，以深度学习的方法与策略为实践框架，将信息技术与教育教学深度融合，打造教育联盟，形成发展共同体，实现管理、教师、教学、资源四个维度的全面升级的重要活动。也助力实现跨区域高中优质教育资源的融合发展，促进教育均衡。利用活动将联盟内的管理、教师、教学、资源进行有效的整合，以联盟为中心，进行领导、教师、学生不同层级的培训、研究、交流，多方面地引领，并围绕活动的开展建立智慧教育平台活动版块，形成一个"管—教—学—评"一体的社会群体，从思想上渗透、从理论上引领、从实践上指导、从过程中反思，带领大家从学生的需求和发展出发，以学生喜欢而乐于参加和融入的方式来开展研究性学习，逐渐深入、不断深化、实践强化、交流固化、反思内化，形成深度学习。通过活动促进学生的个性化成长和全面发展，提升教师的专业素养和综合能力，推动学校的教育管理创新改革，增进校际间的交流与合作，增强校际间的凝聚力和向心力，助推抱团发展、互助互鉴、共同成长、协同发展的教育联盟长远发展。

一、智慧教育生态培育理论

智慧教育生态培育指在智能时代下对以信息技术为支撑的教育生态的建构与发展。它以新发展理念为引领，能够创新区域教育联盟体制机制，推动联盟建设转型升级，并能加强区域之间融合发展，促进优质教育资源共建共享、互利互补。这种培育活动以深度学习作为落地实施的抓手，借助互联网技术、智能终端设备和教育云平台，积极探索智能技术在智慧教育场景的应用，不断深化和丰富现代教育内涵，重塑教育生态，为教育均衡发展提供条件和支撑，实现高中优质教育资源的融合发展，促进教育优质均衡。

智慧教育生态培育理论（见图9-1），以关键基础平台、教育支撑平台与教育应用场景为发展路径，从大到小为区域—校域—班域，学习方法以情境—协作——会话——意义建构为要素展开[①]，合理实现资源、管理、教学和教师的多方位结合，实现线上线下融合的深度学习[②]。

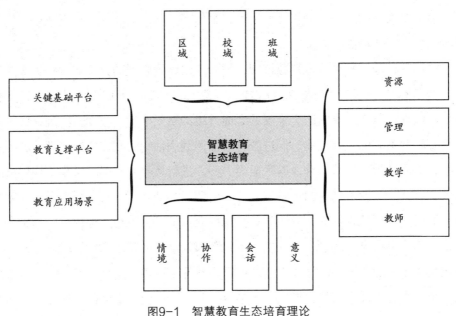

图9-1　智慧教育生态培育理论

二、跨校学科节与149联盟

时代发展呼唤人才培养模式的变革，在新高考变革这个大环境下，只有顺应时代发展，变革教育教学方式，提高自身能力，才能应对各种挑战，才能实现学校的高质量发展。为了高效率推进149跨区域教育联盟的工作，联盟借助企业微信平台在企业微信中搭建了智慧管理平台。将九所学校中参与联盟活动的所有领导和教师编织在一个系统中，包括联盟领导小组、联盟协作办公室、联盟研究组、联盟名师工作室、联盟教师工作坊、联盟跨校师徒结对、在线走校选修课和深度研学社团等。在这个平台上，创建了资源共享空间，构建了班级群组织，为跨校学科节的开展创造了条件，奠定了基础。

---

① 高文，等.学习科学的关键词[M].上海：华东师范大学出版社，2009：3.
② 胡航.形与质的辩搏：疫情是否为在线教育迎来"拐点"[EB/OL]（2020-02-15）[2020-02-23]https://theory.gmw.cn/2020-02/15/content-3557928.htm.

学科节是基于智慧教育生态培育理论的实践，立足于立德树人，以人为本，以生为本，立足于教育生态建设，搭建智慧教育平台，构建智慧教育环境，整合智慧教育资源，形成智慧教育空间，以学科活动为载体，以"节"的形式呈现，促进学生全面、和谐、个性、多元、可持续发展，以达到学校教育生态培育的目的，培养学生的核心素养。跨校则意味着以联盟为中心，各校团结在联盟的周围，以活动为载体联结各校际间的交流与合作，实现互助互利、共建共赢、联通联络、融合发展，更大范围地实现区域智慧共享。

149教育联盟以跨校学科节为载体举办系列学习研讨活动，提倡学生全员参与、教师广泛参与，学校积极参与。从学生层面，不仅可以激发学生的学习兴趣、学习热情，在趣味与活动中增长学科知识，提升动手实践能力，涵养文化素养，促进综合素质的全面发展[1]，还可以通过创新创造与合作，理论与实践相融合，发展学生的核心素养。从教师层面，跨校学科节的开展可以为教师发展提供广阔的校际交流平台和途径，提高教师的应变力和综合处理能力，促进教师专业成长与发展，同时也为学校培养创新型教师队伍提供保障[2]，提升教师综合素养。从学校层面，与传统学科节相比，跨校学科节还包含校际间的全方位交流与合作，资源的共建共享，校际活动的开展不仅有利于149教育联盟学校的管理，教师、学生间的交流学习，互通友谊，增强凝聚力；还可以在合作与竞争中促进学校的进一步创新发展。[3]

三、智慧教育生态培育与跨校学科节的联系

跨校学科节以联通、融合、互助、互鉴、互长为目的，打破常规的时空、地域限制，打破人与人的相处交流模式，利用线上线下相结合的方式，缩短跨校的距离，透过屏幕近距离接触，让跨校的师生身临其境，深入感受，深刻体会，深度学习。拓宽跨校师生展示交流的平台，丰富跨校师生的校园生活，增进跨校师生的感情交流，及时沟通、及时反馈，而这些功能的实现依赖于智慧教育生态的

<hr>

① 朱海清. 利用学科节平台推动"体艺2＋1项目"实施[J]. 艺术科技，2014，27（11）：212.

② 杨云雄. 教师发展：育人方式改革之基[J]. 教育科学论坛，2020（29）：23-27.

③ 傅明. 高品质学校建设的价值定位[J]. 教育科学论坛，2020（28）：1.

培育。智慧教育生态培育理论从理论的高度指导跨校学科节的设计与实践，为跨校学科节的开展与评价提供理论支撑和依据。跨校学科节的设计与实践又为智慧教育生态培育理论提供实验数据与实施反馈，是智慧教育生态培育理论的直接体现，二者相辅相成，相互促进，相互完善。

第二节　跨校学科节的设计和实践

新高考背景下的学科教学如何实现突围，我们需要不断探索。希望能够将前沿的信息教育技术和先进的教育教学理念应用于现实生活，通过跨校学科节，汇集八方名师，达成共识，以核心素养为本，推进学科课程深层次的改革，促进学生学习方式的转变，思维模式的质变和学习成绩的量变。在持续性的学习过程中，以沉浸式的学习方式，伴随深度学习理念指导，有效提高学生的学习能力，提升学生核心素养。

一、设计理念、依据

为促进市域之间、区域之间、校域之间、班域之间的多方面联动发展，推进优质教育资源满覆盖，实现联盟的智慧化发展，教育管理、教师发展、教学改革、资源共建等应与信息教育技术深度融合，促使联盟各校的教育优质均衡推进。以校际的经验交流，抱团成长为目标，以开放和共享的原则来促进联盟发展，推进跨校区融合教育，适应中学生的发展需要，创新出具有联盟学校各自特色的融合教育路径。

（一）基于学生学习特点

高中学生正处于从不成熟走向成熟的过渡阶段，这个阶段的学生，对学习有很强的目的性，对参加高考学科的学习积极性和主动性都很强，而对非高考学科则抱着应付的心理学习。这样就会忽略非高考学科的育人价值和错过有用知识的学习以及相关能力的培养。人是社会的人，学生最终还是会走向社会，走向未来，单学科知识的学习不足以适应人才发展的需求，需要引导学生借助智慧教育平台来进行研究性学习，深入学习，拓展思维，从而实现深度学习，为终身学习和以后的发展打下良好的基础。

（二）促进教师职业发展

学生的成长和发展需要教师引导，而教师的发展需要专家引领。为了促进联盟内教师的发展，149联盟组建了教师发展共同体，即通过共同的实践活动，给其中的成员以适当的角色，让共同体内的成员在协商、合作中获取共同的意义与实践，从而获得各自的发展。分别从经验交流、优课评比、优秀示范、远程教研、集体备课、跨校师徒结对、教师工作坊、名师工作室和区域性党建等方面，对教师进行多种方式、多种途径、多种类别全方位的培训与提升。做到从理论上引领，从思维上拓宽，从实践上指导，帮助教师解决实际的教育教学问题，促进教师的专业成长和职业发展。

（三）针对学校发展方向

面对竞争激烈的教育乱象以及教育现代化的人才发展需求，学校教育的方向在哪里，是每一所学校都应该思考的问题。借着智慧教育的春风，搭着智慧教育的便车，用着智慧教育的资源，享着智慧教育的环境，带着智慧教育的空间，借助智慧教育来实现智能化环境下的高效教学，坚持开放和共享的原则来突出学科特色，促进市域之间、区域之间、校域之间、班域之间、教育管理、队伍建设、教学质量、课题研究、校外实践等多方面联动发展，增强教育联盟内部的事业共谋、信息互通、资源共享、师资融合、文化濡染，推进优质教育资源满覆盖，促进教育优质均衡发展。

二、设计原则

跨校学科节要实现促进学生全面发展，提升教师综合素养，推动学校创新改革，需要在智慧教育理念引领下，借助互联网技术、智能终端设备和教育云平台的支持，在课堂教学中充分体现深度学习的理念，在校域之间逐渐加大"互联网＋深度学习"的探索推广力度。进一步探索深度学习教学与信息技术的深度融合，利用现代化的教学设备和信息教育教学技术，遵循学为根本、先学后教、合作互动、妙手释疑、个性拓展的原则来设计相应的活动，带动学生、教师、校际的多向互动，才能实现最初的目标——共生、共建、共享、共行、共赢。而设计的原则主要有以下五个方面。

（一）广泛参与

跨校学科节立足于立德树人，以人为本，以生为本，以学生的发展需求为本，以学生的成才为目标而开展的系列研讨活动，意在从学生的日常生活出发，找寻学生感兴趣的话题或主题，调动全体学生的学习积极性和学习主动性，实现学生全员参与，教师广泛参与和校际积极参与。以激发学生的创新合作意识，提高学生的动手实践能力，培养核心素养，促进学生综合素质的全面发展。为教师的成长发展搭建交流平台，促进教师专业成长与发展。利用校际间的各种活动，以赛促学、以赛促教、以赛促研、以赛促管，充分调动师生的学习积极性，在竞争中学习、成长、发展、收获。

（二）共同成长

联盟学校都有各自的优势和不足，为了响应国家的号召、政府的布局、学校的发展、领导的要求，应该积极遵循统筹兼顾、突出重点、整体联动、融合发展、资源互动、优质共享的基本原则，在"互联网＋教育"的浪潮下，将智慧教育理念应用于教育教学改革，践行现代信息教育技术与教育教学的深度融合与和谐互助，以跨校学科节的形式来联合各所学校，调动师生的积极性，相互学习、共同成长，共同构建网络化、数字化、智能化、个性化、多元化、终身化的教育体系。为学生、教师、学校的共同成长献计献策。

（三）资源共享

在智慧教育平台上，学生、教师、学校、家长皆拥有自己的终端账号，他们可以将自己认为最好的素材，通过智能终端（学生有特制的平板电脑）推荐到平台上。平台就是一个庞大的资源库，它囊括了联盟学校的各种资源，如人力资源、课程资源、研究资源、社会资源等。联盟内的学生、教师、学校、家长都可以通过平台进行访问、查询、查找、上传、下载、应用等，实现资源的共享与共建。让人人都参与进来，既推广了智慧教育理念，推进了智慧教育，又普及了智慧教育应用，实现了多赢。

（四）文化交流

泰戈尔曾说过：知识是智慧的结晶，文化是宝石放出的光泽。跨校学科节是联盟内隆重而盛大的活动，蕴含丰富的文化内涵，各个阶段性的成果印证了学习和成长的点滴，记录了思维发展的过程和学习进展，也包含各自学校的特点和地域特色。将跨校学科节的各种教师作品和学生作品上传到智慧教育平台，或是通过教师展示、跨校交叉展播等形式，相互欣赏、相互评价、相互借鉴、相互促进、相互激励，再通过智慧教育平台的互动，来实现点对点的沟通交流，针对别人的不同作品，给出自己的建议或意见，并查看别人的评价与点评，在自评、他评、互评的过程中，了解不同的地域文化，认识不同的地域特色。既增进了跨校沟通与交流，又增强了文化涵养，在积极向上的联盟环境氛围中丰富自己，充盈生活，走向未来。

（五）协同发展

"三人行必有我师"，联盟学校都有各校的优势和特色，但也有短板，各校不能故步自封、止步不前，而应该采取开放、包容的态度，积极合作、通力协作，抱团发展、互助共进，因地制宜、扬长补短。利用现代信息教育技术，借鉴其他学校先进的教育教学理念和方式，联盟内相互引进优秀人才进行帮扶和外派中层管理人员到他校跟岗实习，联合教研、联合课题、联合培训、联合考试、联合活动等，对管理、教师、教学、资源建设等方面逐一进行改革，应用别人优秀的经验和创新实践，弥补自己学校的短板，逐步深入，重塑特色和优势，实现协同发展及教育的高质量发展，才能创造更加辉煌的明天。

三、确定跨校学科节主题并创设相应情境

跨校学科节的完美实施离不开前期的策划和设计，首先应该确定跨校学科节的主题，让全体师生有方向、有目标地学习前进。为了更好地培养学生的核心素养，实现培养智慧型人才的目标，根据深度学习理论，将信息技术与学科教学进行深度融合，整合与协调好线上线下教学资源，融入真实、情感、思考的复合

式教学情境，让学生在真实的学习情境中，以问题为指引、以解决问题为目标、以实现成长提升为方向，去学习、体验、思考、讨论、探究、验证、运用、创新创造，在体验感悟的过程中，发现问题、思考问题、分析问题、建模问题并解决问题。通过自主学习、小组学习、合作学习、探究学习、研究性学习、理解式学习、反思式学习、合作探究式学习等，培养学生深度思考的能力，让学生的思维在反复的头脑风暴中循序渐进地得到发展、提升、拓宽，实现深度学习，为终身学习打下良好的基础，也促进学生核心素养的形成。

基于对智慧教育生态培育的理解，跨校学科节的设计与实践方案须依据学生学习特点、教师职业发展和学校发展方向制订，同时包含学生、教师、校际三个层面的活动安排，促进学生、教师、学校的同时发展，实现教育的高质量发展和城乡教育均衡。比如，数学之"达人"争霸赛、物理之趣味运动会、生物之趣味模型制作、化学之模型DIY活动等学科节活动，既注重调动学生热情，又充分考虑学科特点，既需要必备的专业知识，又调动学生实践操作，实现知识与能力的双提升。又比如，主题为"化学电源的制作"的化学学科节，可由教师关于"化学电源的专题讲座"，学生关于"化学电源物质的收集与制作"等单元组成，给师生创设相应的学科节情境，让他们在浓厚的学习氛围下学习、思考，了解学科知识与日常生活的联系，分析学科知识在生活中的应用，理解其原理，深层次的探究以解决实际遇到的问题，既提升学生的创新实践能力，又提升教师的综合处理能力。

四、基于学科节主题开展系列教学活动

"纸上得来终觉浅，绝知此事要躬行"，只有实践才能出真知，只有通过实践才能验证理论的真实性和合理性。因此，开展一系列基于跨校学科节的主题教学活动非常必要。本着广泛参与、共同成长、资源共享、文化交流、协同发展的原则，依据学生学习特点、教师教学实际、149联盟学校的发展情况分为学生活动、教师活动和校际活动。通过学生活动、集体备课、优课评比、跨校教研和特色教材开发等加强149联盟学校的交流与合作，拓宽学生的眼界、提高学生的水平、增进沟通与交流，提升教师的业务素养和教学水平，从而提高课堂教学的实效性，激发学生对该学科的学习热情、锻炼学生实践操作能力、语言表达能力、

创新创造能力。学科节系列教学活动的设计，具体方案见图9-2。

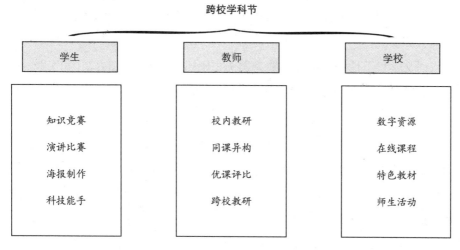

图9-2　跨校学科节系列活动

　　新时代的高考理念已经转向了"价值引领、素养导向、能力为重、知识为基"，《国务院办公厅关于新时代推进普通高中育人方式改革的指导意见》要求落实立德树人根本目标，发展素质教育，遵循教育规律，凝聚人心、完善人格、开发人力、培育人才，深入开展中华优秀传统文化教育，积极开展主题教育，为学生适应社会生活、接受高等教育和未来职业发展打好基础。联盟结合各级各类文件精神，开展了基于深度学习和"互联网＋教育"的以跨校学科节为载体的一系列教学活动，构建了一个网状的学习空间。联盟学校的学生成果需要联盟内教师层层把关，交叉批改、点评、推荐优秀的作品到本校备课组，本校备课组将优秀的作品上传到智慧教育平台上，联盟内其他学校的备课组也可以通过跨校的方式和联盟内其他学校的教师共同审查，再各方备课组审批，推荐到各校的教研组，各校教研组再审阅推荐到联盟内1～2所学校交叉点评、批改，推荐优秀的作品到联盟内进行最终的点评、评比。联盟将最后胜出的优秀作品推荐到智慧教育平台的首页或是微信公众号、微博等进行循环展播，也可通过个人微信、微博转发，加大宣传力度，积极开展主题教育，掀起一股主题教育的学习浪潮，也让联盟内各校的师生有更加直观的感受，在公开、公平、公正的学习环境中浏览学习，努力提升。在学生作品的检查批改过程中，每个学校都是同步同时交叉进行的。既实现了联盟学校的资源共享，也丰富了智慧教育平台上的资源建设。学生、教师、领导、家长、社会等均可访问浏览，形成立体的学习空间。既调动了学生的学习，教师的教学，也带动了联盟学校之间的积极沟通交流，实现了全方位的成长和发展。

以语文学科节活动方案的实践为案例来阐述跨校学科节的设计和实践。语文跨校学科节以抱团发展、互助共进的理念，围绕课堂教学改革、教师专业成长等方面，开展了以"苏轼群文阅读教学"为主题的一系列学生活动、教师活动、校际活动。以联盟搭建平台，校际活动渗透理念，教师活动实践改革，学生活动应用检验，线上线下相结合，层层推进智慧教育，再以现场的学生活动、教师活动、校际活动来检验师生的学习情况并展示师生的学习成果，为智慧教育的进一步发展提供更加翔实的资料和依据。

（一）学生活动

学生是学习的主体，未来的接班人，要培养好学生，教育好学生，实现育人目的，丰富多彩的学生活动是首选。通过多样的学生活动设计，联系学生的日常生活，在真实的活动情境中学习、实践、成长，从而凝聚人心、完善自己、健全人格，培养人才。

1. 跨校学科节学生活动的设计

跨校学科节学生活动的设计应当遵循学生对学科课程的知识掌握程度和学生乐学、求知、挑战的心理，力求学生参与的广泛性、系列性、校际间学生的竞争性，利用形式多样的各种活动，提高学生的参与度与学习热情。如，学科基础知识竞赛、知识抢答、手抄报、思维导图等。基础知识竞赛的活动过程主要分为限时笔试和知识抢答，根据学生在这两部分的综合表现决定是否进入下一环节。

在班内初赛的基础上，由每个班胜出的学生或小组参加年级上的PK赛，再PK赛胜出的个人或小组进入学校的复赛环节，进一步开展校内活动。通过这种方式可以让学生实现班级间、年级间的学习交流，促进学生积极主动的深入学习，提升探求新知的能力，还能让学生增强班级凝聚力和集体荣誉感。校内复赛的形式与班内初赛形式有所区分，校内活动更侧重学生情境迁移能力、动手操作灵活性以及运用创新思维来解决问题的能力，如科技小制作、演讲比赛、实验操作大比拼、校园话剧、创作比赛等，丰富多彩的校内活动使学生将知识与生活有机结合，深刻认识到每一个学科的重要性。校内复赛进行的时候可采用云直播的方式让每一位学生可以直观感受到整个活动过程。此外，评委教师应根据相应的评分标准真实有效地反应每一位参赛选手的整体情况。活动结束后可以选择部分评分较高的优秀作品进行校园展示，让学生进一步体会学科的魅力。

跨校学科节的决赛，重点突出学生的活学活用能力、解决实际问题能力以及理论结合实践能力的提升。鉴于校际决赛涉及的区域广、人员多、耗时长等问题，校际决赛可采用线上和线下结合的方式进行。此部分内容可分为两部分，一部分可将优秀作品进行校际巡回展示，对各成员校的学科节成果进行相互交流学习；另一部分则在主办方学校实时竞赛、限时作品制作、在线课程活学活用、即兴演讲等，再同时进行腾讯视频直播，重在突出学生对知识迁移应用的能力、解决实际问题的能力以及动手实践的能力。

2. 跨校学科节学生活动的实践

为了贴合"价值引领、素养导向、能力为重、知识为基"的新高考理念，以语文学科节为具体的案例进行详细的阐述。联盟学校以"苏轼群文阅读"为主题，以活动为载体，分别从知识、能力、文化、素养四个阶段对跨校学科节学生活动进行了设计和实践。现具体阐述如下。

第一阶段：以学科知识为主，从知识的层面实现广泛了解。联盟学校同时开展基于"苏轼群文阅读"的诗词推荐、书法作品、诗词创作、手抄报、美术作品等活动。本阶段的活动侧重于以"人""从""众"来实现优质高中学生的全员参与和一般高中学生的广泛参与。先从诗词推荐的人人赛开始，联盟学校的每个学生根据自己的喜好和视角准备一首苏轼的诗或词，并以书法作品的形式在3人小组间交流、点评后，推荐优秀的作品到6人小组中继续交流、点评，评鉴出优秀的作品再到12人大组中继续交流、点评，经过品鉴后，推出优秀的作品进行班级评比，通过全班同学的认真品读后，再推荐到年级，年级汇总全年级各班推荐的参赛作品后，经过综合分析、评比、推荐出参与学校评比的作品。学校汇总全校最后推荐的参赛作品后，再评比、点评、推荐出特别优秀的作品到联盟内的一二所学校进行交叉评比、点评、再推荐到联盟内进行终评，联盟再将最后获胜的作品进行不同形式的展播。在此过程中，还催生了学生的诗词创作、手抄报、关于苏轼诗词的美术作品等不同形式的成果，充分调动了学生的学习兴趣，不同学校的不同学生在观看、点评、投票、推荐的过程中，伴随自主学习、小组学习、混合学习和研究性学习，融洽了同学间的关系，增进了学生间的交流与沟通，也在竞争的环境中学习和成长。通过不同类别、不同形式、不同程度的学习，让学生从知识的层面广泛了解、深入学习。

第二阶段：以学科能力为主，从能力的层面实现共同成长。联盟学校同时开展基于"苏轼群文阅读"的进阶版活动，以挖掘"苏轼文化"而开展的一系列诗词朗诵、情景剧、讲故事、小说、歌曲、舞蹈、解说视频、电子小报、动漫、动画等活动，从诗词阅读中提炼诗词，升级作品，将作品从平面向立体延伸。本阶段的活动侧重于团体，培养学生的团队合作意识，也为学生的多样化、多元化发展提供平台和机会。联盟学校的每个学生从自己的兴趣爱好出发，三人成团，自己组队、选择项目，自主排练，在规定时间内以视频或文稿的形式提交作品。先是班级内的团体赛，评比、点评、推荐出优秀的作品参加年级赛，经过评比、点评后，推荐出优秀的作品参加全校比赛，再经过评比、点评，推荐优秀作品到联盟内的一二所学校进行交叉评比、点评，推荐出优秀的作品参加149联盟的比赛。不同学校的不同学生在观看、点评、投票、推荐的过程中，融合自主学习、合作学习、混合学习、移动学习来开展研究性学习，在潜移默化的学习过程中，享受学习，实现沉浸式学习，也为学生的终身学习进行了有效的指导。在相互借鉴、相互学习、相互创新的过程中实现学生间的共同成长。

第三阶段：以学科文化为主，在文化的层面实现交流分享。联盟学校同时开展基于"苏轼群文阅读"的深化活动，以赏析"苏轼文化"后的再创为主而开展的一系列"学""研""创"活动。首先，联盟内的各学校各班级通过智慧教育平台的资源共享而开展个人、团体、集体的单独赏析或集中赏析联盟内各学校的优秀作品后，进行投票推荐，推荐出联盟内的优秀作品。联盟内的各个学校各个班级再将联盟最后评选出的优秀作品在各班进行展播，让全班学生集中观看优秀作品，并将优秀作品的点评和互动内容展示给学生，让学生了解优秀的作品优秀在哪里，以及别人对优秀作品的点评，全方位地了解优秀作品。有了一定的了解后，进行研究性的活动，仔细研究优秀作品、认真分析优秀作品，进一步思考优秀作品，进而反思自己的作品。通过深入的研究和学习后，尝试借鉴别人的优秀作品来修改完善自己的作品，再创造新的作品，即"创"活动。通过层层递进，抽丝剥茧，逐步深入的学习、研究和再创的过程，让学生沉浸在"苏轼文化"的学习氛围中，进一步深入学习，享受这样的学习过程，感受优秀传统历史文化的魅力，体验优秀传统文化的演变，感悟现实生活的美好，实现交流与分享的目的，既实现了深度学习，又拓宽了学生的知识面，加深了学生对"苏轼文化"的理解。在交流分享的过程中，实现育人的目的。

第四阶段：以学科素养为主，从素养的层面实现协同发展。联盟学校同时开展基于"苏轼群文阅读"的收获活动，以"苏轼群文阅读"的一系列成果资料为主而开展的整理、制册、比赛活动。首先，联盟内各个学校的每个学生都将自己从参加"苏轼群文阅读"活动以来的一系列个人资料依据第一阶段到第二阶段、第二阶段到第三阶段的顺序整理，自己修改优化的资料也一并附上，将所有的资料汇总后，汇编成册，可以是纸质的，也可以是电子的，形成个人的过程性学习记录报告册。在形成报告册后，学生可以根据个人的喜好，对报告册进行装饰美化，形成个性突出、独具特点的优秀报告册，再将自己的报告册呈现出来，以人人赛、3人小组赛、6人小组赛、12人大组赛、全班赛、年级赛、全校赛、联盟内1～2所学校的交叉赛、联盟赛的模式进行层层评比、点评、推荐。学生在"头脑风暴"中，特长得到发挥，个性得到张扬，素质得到提升，实现德、智、体、美、劳全面发展。

在以上四个阶段的活动完成后，优秀的学生、优秀的作品，可以通过现场活动的方式参加现场制作、创作，结合线上线下的方式来开展。当然，学生活动的开展依靠教师活动的引领和指导，有赖于校际活动的指引和帮助。以上活动的顺利实施离不开联盟内教师的齐心协力、互帮互助，让学生的作品不断提高、提升，实现学生的全面进步和个性化发展。图9-3、图9-4为跨校学科节学生作品及活动剪影。

（二）教师活动

学生的成长离不开教师的指导，而教师的成长需要专家和优秀名师的引领，各种教师活动就是有效的载体，让教师在学、教、研、评的过程中成长发展，有利于教师的职业发展和专业素养的提升（见图9-5）。

图9-3　跨校学科节学生作品

图9-4　跨校学科节学生活动剪影

图9-5 跨校学科节教师活动剪影

1. 跨校学科节教师活动的设计

基于深度学习的智慧课堂是"以学生为主体"的集中体现，教学情景的设计、教学流程的推进、教学过程的实施都是围绕着学生进行的。正所谓一切为了学生，为了一切学生，为了学生一切。因此，为了教师能更好地教育教学，更好地培养好国家未来的人才，培养出优秀的人才，教师必须革新教育教学观念，重塑教育教学理念，通过学习、观察、分析、比较学生的学习特点，根据不同类型、不同喜好、不同发展的学生需求因材施教。要适应学生的个性化发展需求，首先应该从教师出发，需要先对教师进行全方位的培训与提升，让教师具备先进的教育教学理念和运用先进的技术支撑平台来辅助教学的能力，再通过教师的真实感受去感化学生、教化学生、练化学生，从而实现学生的发展，人才培养的需求。而教师的成长提升，需要借助智慧教育理念，利用信息技术与学科教学的深度融合，让学生的学科素养、信息素养同时得到提升，动手实践操作能力、思维能力进一步发展，需要相应的载体和活动来承载，跨校学科节就是很好的一个媒介。在智慧教育大背景下，开展教师跨校交流有助于提升教师实施智慧教育的能力，推动智慧教育的发展。

2. 跨校学科节教师活动的实践

为了贴合"价值引领、素养导向、能力为重、知识为基"的新高考理念，转变教师的课堂教学观念，革新教育教学方式。也为了更好地了解学生、服务学生、教导学生，联盟学校开展了以"苏轼群文阅读"为主题的语文学科节活动，分别从知识、能力、文化、素养四个阶段对跨校学科节的教师活动进行了设计和实践。要求联盟学校内的语文教师广泛参与，参加和学生相同的活动，让教师熟悉活动的过程与流程，形成深刻的体验与感悟。学生的学习和成长离不开教师的指导和帮助，因此，让教师广泛参与，深入体会，深切体验，积累经验，才能更好地指导学生、指引方向，教育教学的效果会更好。联盟结合跨校学科节的学生活动设计，实践了教师活动。现具体阐述如下。

第一阶段：以学科知识为主，从知识的层面实现广泛了解。联盟学校同时开展基于"苏轼群文阅读"的诗词阅读推荐、书法作品、诗词创作、手抄报、美术作品等活动，要求语文教师广泛参与。每个学校每个备课组先从诗词推荐的人人赛开始，联盟内每个学校的每个教师根据自己的喜好和独特的视角准备一首苏轼的诗或词，并以书法作品的形式在3人小组间交流、点评后，推荐优秀的作品到6人小组中继续交流、点评，评鉴出优秀的作品再到备课组内评比，通过组内同事的认真品读后，再推荐到教研组，教研组汇总后，将最后推荐的参赛作品进行再评比、点评，推荐出特别优秀的作品到联盟内的1～2所学校进行交叉评比、点评，再推荐到联盟内进行终评，联盟再将最后获胜的作品进行不同形式的展播。为了调动教师的积极性和创作热情，还征集了教师的诗词创作、手抄报、关于苏轼诗词的美术作品等不同形式的学习成果，充分调动了教师的学习热情，不同学校的不同教师在观看、点评、投票，推荐的过程既丰富了自己，提高了自己，又融洽了本校同事和联盟校教师间的关系，增进了教师间的交流与沟通，也在竞争的环境中相互学习和成长。通过不同类别、不同形式、不同程度的学习，教师从知识的层面更加广泛地了解、更加深入地学习，也养成了深度学习的习惯。

第二阶段：以学科能力为主，从能力的层面实现共同成长。联盟学校同时开展基于"苏轼群文阅读"的进阶版活动，以挖掘"苏轼文化"而开展的一系列诗词朗诵、情景剧、讲故事、小说、歌曲、舞蹈、解说视频、电子小报、动漫、动画等活动，从诗词阅读中提炼诗词，升级作品，将作品从平面向立体延伸。本阶段的活动侧重于团体，提高教师的团队合作意识，也为教师的多样化、多元化发展提供平台和机会，联盟内各学校的每个语文教师从自己的兴趣爱好出发，3人成团，自己组队，选择项目，自主排练，在规定时间内以视频或文稿的形式提交作品。先是备课组内的团体赛，评比、点评、推荐出优秀的作品参加教研组赛，经过评比、点评后，推荐出优秀的作品到联盟内的1～2所学校进行交叉评比、点评，推荐出优秀的作品到联盟内参加整个149联盟的比赛。不同学校的不同语文教师在观看、点评、投票、推荐的过程中，学会了融合，学会了合作，学会了抱团成长。在相互借鉴、相互学习、相互创新的过程中，实现联盟内语文教师间的共同成长。

第三阶段：以学科文化为主，在文化的层面实现交流分享。联盟学校同时开展基于"苏轼群文阅读"的深化活动，以赏析"苏轼文化"后的再创为主而开展的一系列"学""研""创"活动。首先，联盟内的各学校各语文教师通过智慧教育平台的资源共享而开展个人、团体、集体的单独赏析或集中赏析联盟学校的优秀作品后，进行投票，推荐出联盟内的优秀作品。联盟内的各个学校各个备课组再将联盟最后评选出的优秀作品在备课组内进行展播，让备课组里的全体语文教师集中观看优秀作品，并将优秀作品的点评和互动内容展示给教师，让教师全方位了解优秀作品。在有了一定的了解后，进行研究性活动，仔细研究优秀作品、认真分析优秀作品，进一步思考优秀作品，进而反思自己的作品。通过深入的研究和学习后，尝试着借鉴别人的优秀作品来修改完善自己的作品，再创造新的作品，即"创"活动。通过层层递进、抽丝剥茧、逐步深入的学习、研究和再创的过程，语文教师沉浸在"苏轼文化"的学习氛围中，进一步深入学习，享受这样的学习过程，感受优秀传统历史文化的魅力，体验优秀传统文化的演变，感悟现实生活的美好，实现交流与分享的目的。实现深度学习，也拓宽了教师的知识面，加深了教师对"苏轼文化"的理解。在交流分享的过程中，内化提炼、提升。

第四阶段：以学科素养为主，从素养的层面实现协同发展。联盟学校同时开展基于"苏轼群文阅读"的收获活动，以"苏轼群文阅读"的一系列成果资料为主开展整理、制册、比赛活动。首先，联盟内各个学校的每个语文教师都将自己从参加"苏轼群文阅读"活动以来的一系列个人资料按照第一阶段到第二阶段、第二阶段到第三阶段的顺序整理，自己修改优化的资料也一并附上，将所有的资料汇总后，汇编成册，可以是纸质的，也可以是电子的，形成个人的过程性学习记录报告册。在形成报告册后，语文教师可以根据个人的喜好，对报告册进行装饰美化，形成个性突出、独具特点的优秀报告册，再将自己的报告册呈现出来，以人人赛、3人小组赛、备课组赛、教研组赛、联盟内1~2所学校的交叉赛、联盟赛的模式进行层层评比、点评、推荐。让教师在"头脑风暴"中，不断提升自己、发展自己，实现全方位的协同发展。

教师活动先于学生活动开展，让教师先通过自己亲身经历，去感受和了解跨校学科节的活动形式、活动内容、活动目的、活动要求、活动结果等。在教师学习成长后，联盟学校再给教师安排现场展示、现场创作、现场解惑的互动交流活动，既检验了学习的效果，又增进了教师间的交流，并将教师作品进行展示、展播。通过参与跨校学科节的活动，促进教师的深入学习、研究性学习，拓宽教师的知识面，增强知识间的连接，提高教师的综合素养和综合能力，也为更好地指导学生做好充分的准备。

当然，以学科节为载体，可设计的跨校活动形式多种多样，以未来教育为目标，以深度学习为核心，以智慧平台为支撑，以联盟活动为载体，以教师工作坊、名师工作室、跨校师徒结对为组织形式，全方位地促进教师的专业化成长。如，经验分享、专题探究、跨校教研、校本课程研发、优课评比、教研成果展示等。通过形式多样的跨校活动能及时发现149教育联盟各校的教学亮点，有助于深度挖掘校园文化内涵，并能同时解决部分联盟学校受人员限制而无法顺利开展教研活动的难题，还可以为广大青年教师提供成长机会，促进教师专业化的进一步发展，也为149教育联盟各成员校建立了良好的校际合作与竞争关系，做到全员参与、互动协作，利于各成员校全面提高教育教学质量，实现高质量发展。

（三）校际活动

学生活动和教师活动的顺利开展依托校际活动的平台，校际活动依赖更高层面、更高水平的校际联动来提高教师的实际教育教学水平和育人能力，提升学生对社会生活的适应能力，实现个性化、多元化的成长发展（见图9-6）。

1. 跨校学科节校际活动的设计

通过149跨区域教育联盟的共同努力，在九校之间，形成了管理、教师、教学、资源等方面的智慧联动模式，搭建起了任何人在任何时间、任何地点，可以任何方式使用任何设备的线上操作平台，以移动学习的方式实现了九校间的学生、教师、教育管理者、家长等通过台式电脑、笔记本电脑、平板电脑、智能手机、交互式白板，在教室、校园、家庭等场所形成共生、共建、共行、共享、共赢的智慧教育生态局面。[①] 这样的智慧教育环境为跨校学科节的实施提供了平台支撑和校际支持，让学生、教师、领导、家长在智慧教育空间里学习、沟通、交流，调动一切资源为学生的学和教师的教提供条件和保障。

无论是跨校学科节的学生活动设计，还是教师活动设计均涉及校际活动。这里的校际活动，主要指学校层面的校际交流与合作，以跨校学科节为载体，践行

---

① 郑旭东. 智慧教育2.0：教育信息化2.0视域下的教育新生态——《教育信息化2.0行动计划》解读之二[J]. 远程教育杂志，2018，36（4）：11-19.

图9-6　跨校学科节校际活动剪影

广泛参与、共同成长、资源共享、文化交流、协同发展的原则，在校际活动中通过教育信息化推动系列活动的开展，为实现智慧教育提供助力，校际活动的方式多种多样，如数字化教学资源共用、在线课程共享、特色教材开发、师生活动开展等。如，以"苏轼群文阅读教学"为主题的语文学科节为例，版块之一的149特色教材之"鄞江诗韵"开发以此次学科节内容为依托，将此次学科节举办宗旨、活动内容、活动成效和活动启发等成体系地编写进教材中，兼具科学性原则、系统性原则、灵活性原则和实际性原则，是新课程改革试验的需要，是联盟学校共同发展的需要，是师生共同发展的需要。149特色教材的开发虽独具特色但难度较大，需通过不断地实践才能完成，进而促进各校实验研究、知识水平、教学技能、科研能力等的提高，也进一步体现了广泛参与、共同成长、资源共享、文化交流、协同发展的原则，实现149教育联盟各成员校的共同发展。

2. 跨校学科节校际活动的实践

跨校学科节的学生活动和教师活动都依赖于校际活动的支撑和支持，为开展好跨校学科节，以及其他的学生活动和教师活动，149联盟以先进的信息教育技术与教育教学深度融合的核心理念，基于腾讯智慧校园云平台，以深度学习的方式与策略为实践框架，打造教育联盟，形成学生学习共同体和教师发展共同体，以共同的实践活动推动共同体内的成员在协商、合作中获取共同的意义与实践，从而获得各自的发展。坚持开放和共享的原则来突出学科特色，促进区域之间、校域之间、班域之间、教育管理、队伍建设、教学质量、课题研究、校外实践等多方面联动发展，增强教育联盟内部的事业共谋、信息互通、资源共享、师资融合、文化濡染，推进优质教育资源满覆盖，促进教育优质均衡发展，实现管理、教师、教学、资源四个维度的全面升级。以实现跨区域高中优质教育资源的融合发展，促进教育均衡。

为了有效推广实施教育现代化，促进人才培养模式的变革，以适应社会发展和未来需要，必须转变思想，而学校的领导人至关重要，他们是领头人，掌握整个学校前进的方向，是推动教育教学改革的前行者和有力的执行者。为此，149教育联盟制定了一系列的举措来实现联盟的共同成长和均衡发展。

管理层面的做法是：第一，邀请各级各类专家通过线上和线下的方式，给联盟内的管理者进行了反复、多次的单独培训、团体培训和集中培训，从思想理论上引领，再通过专家进校园、进课堂、点对点的指导和方法上的帮助，极大地转变了教育教学方式，实践了培训的方式方法，内化了管理者和教师的素养。第二，为了更好地联动发展，在联盟内进行了有效分组，对口帮扶，将优秀教师和一般教师进行组合，在联盟内小组中、各校间开展交叉外派跟岗学习和引进他校优秀的管理人才到对口学校进行有效的指导和帮扶，以互帮互助、共同成长来实现长远发展。第三，思想觉醒后，展开了实践操作，以联盟内的联合课题申报与研究为载体，通过联盟内联动党建、共建项目、搭建平台、联络活动、资源共建、课题共研等活动，带领管理者进一步推动智慧教育，加深对智慧教育的理解、深化对智慧教育的认识，努力践行智慧教育。第四，通过智慧教育平台，构建了教师发展共同体和学生学习共同体，在一个大系统里，联盟内各学校的教师和学生均可通过该系统进行学习、合作、交流，在这个系统里，既有竞争，又有合作，促进师生共同成长。

教师层面的做法是：第一，邀请专家通过线上线下的方式，给联盟内的教师进行反复的培训、交流，从思想上意识到智慧教育的重要性及发展的趋势。第二，开展联盟内的联动党建，学习党的教育方针政策，从思想道德上带领教师积极学习，努力改变，寻求突破，为培养祖国未来的现代化人才而努力。第三，试着通过"三师"融合的方式调动教师的参与热情、创新激情。联盟内各学校的教师相互不熟悉，先通过专家、名优教师的引领，以跨校师徒结对、教师工作坊、名师工作室、点对点、一对一的指导等方式带领部分教师先融入智慧教育，从一个到两个、两个到三个、三个再到多个的方式，延伸扩展，最终实现教师的全覆盖。第四，开展线上线下相结合的同步联动教研活动，通过经验分享、专题探究、优课评比、教研成果展示等一系列活动，让教师增进了解，逐渐深入地认识到智慧教育以及智慧教育的实际应用。

教学层面的做法是：第一，开展基于智慧教育的集体备课。将智慧教育的先进理念和先进思想应用到实际的备课中来，教师共研共讨、群策群力，将理论和实际相结合，用实践来验证理论的可行性。第二，开展在线深度课堂联动活动，对联盟内的全部学校、全体师生开放课堂，让学生感受科技的进步，体验在不同的时空点同上一堂课，享受联盟提供的优质教育教学资源，认识到智慧教育的重要性和必要性，从而形成共同成长、协同发展的发展观念。第三，开展在线走校活动，联盟内的各个学校将各校的优秀教师推荐出来，让其他学校的学生自由选择其他学校的教师或是自己学校其他班级的教师，实现在线走校走班活动，尽可能地实现优质教育资源的均衡与共享，实现共同成长。第四，邀请联盟内的名师到联盟内的其他学校进行现场课堂展示活动，利用先进的教育教学资源和现代的信息教育技术，结合深度学习的理念，为联盟内的其他学校上示范课，通过现场实践、现场咨询、现场答疑的方式进行指导和帮助，在交流沟通的过程中得到进一步的提高。

资源层面的做法是：第一，联盟将联动发展所需要的各种资源进行整合，如人力资源、课程资源、研究资源、社会资源等，将整合后的各种资源放到智慧教育平台，实现联盟内的各种资源共享。第二，联盟内各学校各教师的教学资源，如课件、教案、学案、教学设计、视频、动画、文本等，各位教师整理上传后，在智慧教育平台上共享，联盟内的其他教师也可以通过平台访问，借鉴。第三，联盟内各学校各个学生的学习成果，上传到平台进行共享。同时，教师可以整理学生的学习成果，进行梳理后，上传到平台的优秀资源里，供其他教师和学生学习、观看。第四，联盟内的各位家长也可以同步分享一些素材案例供教师和同学学习。第五，将联盟内各学校的特色学科、特色活动引入联盟内其他学校进行展示交流，带动联盟内的全面发展，让优秀成为习惯，实现联盟内的协同发展。

为了联盟内的各个学校能同时开展好基于"苏轼群文阅读"的系列活动，联盟依托跨校区智慧教育生态系统，实现了不同区域、不同学校的学生和教师可以在互联网虚拟空间中形成由教师、学生、课程、环境与技术共同组成的课堂生态系统。有了以上的管理、教师、教学、资源等的储备后，联盟各校开展了基于语文学科的跨校学科节。在教师活动和学生活动的整个过程中，一直伴随着校际的活动。专家、名师的培训交流活动，转变教师和学生的理念；联合教研、专题探究，提升师生活动的品质；集体备课、优课评比，提高师生的课堂效果；经验分享、教学成果展示等，助推智慧教育开展。跨校学科节的校际活动为师生活动提供支持和支撑，搭建平台，保障师生活动的全面开展，从而实现师生的全面发展。

我们通过实践发现，基于语文学科节主题开展的系列教学活动，可以极大地调动师生学习的热情和参与的兴趣，整个教学活动过程采用基于互联网的智慧课堂教学原则——学为根本、先学后教、合作互动、妙手释疑、个性拓展，借助智慧教育平台，充分发挥现代信息教育技术的优势，及时教、学、评，协助师生完成学科节的系列活动，让学生在寓教于乐的教学环境中学习、成长、发展。再结合联盟内线上线下的与"苏轼"相关的现场活动，如诗词飞花令、情景剧表演、谜语、文化、电影、VR/AR互动体验、讲故事、智能化的人机对话、捏泥人（古人）形成场景再现、"苏轼"拼图、游戏合成"苏轼"等活动。通过这些活动，让教师的教、学生的学和师生的"评"更加立体，更加多元，更加及时，也让学生实现了多元化的发展和个性化的成长。因此，学生非常感兴趣，参与热情很高。由于疫情影响，目前只能是在本校内的线下活动和通过直播的形式在线上开展，还未打通联盟内学校和学校之间的现场活动以及游学活动。现在的线上和线下结合的跨校学科节还相对比较单一，只是单个的学科举行学科节，还未融合其他学科实现学生的融合发展。因此，今后还需要进一步研究，基于同一个主题开展"N学科"的系列教学活动，如"苏轼"，语文可以开展与苏轼相关的诗词、阅读等活动，历史可以开展与苏轼相关的历史手抄报活动，政治可以开展与苏轼相关的政治演讲比赛，美术可以开展与苏轼相关的美术作品比赛，音乐可以开展与苏轼相关的歌唱比赛，信息技术可以开展与苏轼相关的电子小报活动，通用技术可以开展与苏轼相关的作品制作活动，等等。联盟学校同时开展这一系列的"1个主题＋N个学科"活动，既实现了学科融合，深度而全面地学习，又深挖了主题背后的文化背景和文化内涵，让学生在群体性的学习和动手实践的过程中，习得核心素养。也让知识变得生动而立体，让学生切身感受到知识的有用，从而重塑学科知识结构和搭建知识框架，为进一步学习提供指引。

借着语文学科节的东风，联盟学校还开展了化学学科节、生物学科节、地理学科节等，将深度学习理论引领的智慧教育引入到教育教学中来，切实加强深度学习课堂实践，以适应新高考。以此促进学生全面发展，提升教师综合素质，推动学校创新改革。但同时，也提出了更多的思考：前面的跨校学科节基本上是本校线下和跨校线上开展的，这样在一定程度上影响了跨校的意义和目的，为此，我们深刻反思，希望以后的跨校学科节能开展更多多元化的活动。

为了更好地实现联盟学校的共同成长、协同发展，我们将进一步深入研究基于"1个主题＋N个学科"融合的联盟内的现场活动和游学活动，将学科知识进行整合，让学生在应用知识的过程中学习，在学习的过程中应用知识，互相补充、互相促进，设计更多丰富多彩、形式多样的活动，带领师生共同融入，养成在智能化环境下学习、生活的习惯，利用好现代信息教育技术，开展"互联网＋教育"的深度学习，针对个人的兴趣爱好和特长来开展研究性学习，为终身学习做铺垫，也为适应社会生活、接受高等教育和未来职业发展打好基础。如，联合学校社团开展各种社团比赛活动，层层筛选，推选出优秀的作品参加校内汇报演出，再将胜出的作品推荐到校际演出比赛，最后再精选出最优秀的作品在联盟学校间巡回展演或举行下乡表演送温暖活动，还可通过联盟智慧教育平台或公众号等进行展播。也可以让社团独立参赛，胜出的再联合起来参加团体赛，不同的社团有不同的文化内涵和文化底蕴，将社团的参赛作品进行融合。如，社团独立赛时，舞蹈社可以设计与苏轼相关的舞蹈，古琴社可以设计与苏轼相关的古琴乐，两者结合起来可以参加歌舞相伴的团体赛，还可以和其他社团联合参加情景剧或小品等比赛。鼓励大家参加丰富多彩而个性鲜明的团体赛。最后再开展一次联盟内的盛会，包括理论知识培训，专家讲座，教师学生的汇报作品（教师说课献课，师生的现场创作等），师生的汇报演出，师生的成长和收获的撰写等，完善资料、完善学习、完善成长过程。

联盟调动一切可以调动的力量，给学生创造深度学习的环境氛围，搭建深度学习的平台，设计形式多样的活动类别，让学生全身心投入与苏轼相关的主题学习中。给老师创设相应的活动空间，还可以师生搭对一起比赛或表演，全方位地创设学习成长的情境和氛围，带动全体师生的发展和提高。同时，每个学校每个语文老师要根据语文学科的学科节主题确定教研内容，教研的内容应来源于教学中的实际问题，通过跨校的联动教研真正达到解决问题的目的。跨校教研的内容应包含教学设计、练习设计、试卷命题、教学资料的收集等，可以将所有教师根据学科进行分组，在跨校教研的基础上，每个学校选派各科代表教师进行说课、献课，最后所有教师集中评课，进行技能切磋，努力提高课堂的高效性，对跨校教研中实用性强的教学模式、评价标准、相关学习资料，149教育联盟各成员校可以相互借鉴、相互学习，其中的优秀教学课例可进行校际巡回展示。

联盟各校从科学性、计划性、参与度、实践与感悟等对149教育联盟开展的几次跨校学科节活动进行了评价与反思，切实感受到智慧教育生态培育理论引导着跨校学科节的进行方式，跨校学科节的开展及其成效充分体现了智慧教育生态培育的理论渗透，跨校学科节不仅以学生为主体，以学生的发展需求为根本，突出了学科特色，把学生全面发展和个性特长相结合，让学科理论和现实实践相融合，在平等、互动、竞争、合作的氛围中，既可以提高学生的学习兴趣、学习热情和学生的积极参与，还可以提高学生的动手实践能力，形成多元化、多样化的发展目标，促进学生综合素质全面发展；跨校学科节的开展为教师发展提供了良好的校际交流平台和广阔的发展空间，通过一系列的专家、名师培训、指导引领，促进教师的专业成长与发展，同时也为学校培养创新型教师队伍提供保障；跨校学科节还包含校际间全方位的交流，不仅有利于149教育联盟各成员校学生和教师之间的学习，还可以通过合作与竞争促进学校的进一步创新发展。跨校学科节的活动效果一定程度上反映了智慧教育生态培育理论的特点，在某种程度上又反作用于智慧教育生态培育理论，为智慧教育生态培育理论的完善提供了实施案例。

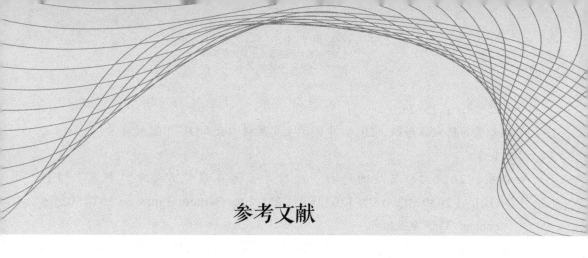

参考文献

曹俊林，2021. 基于智慧教育生态培育的跨校学科节设计和实践[J]. 教育科学论坛（5）：72-74.

曹乐炀，2012. 基于Blended Learning的研究型学习课堂建构研究[D]. 上海：上海师范大学.

曹晓明，2018. "智能+"校园：教育信息化2.0视域下的学校发展新样态[J]. 远程教育杂志，36（4）：57-68.

陈剑泉，2019. 高效联动：多措并举，克难攻关[J]. 教育科学论坛（23）：50-52.

陈树刚，朱永海，2009. 基于认知负荷理论的网络课程信息呈现研究[J]. 现代远程教育研究（1）：63-65.

陈耀华，杨现民，2014. 国际智慧教育发展战略及其对我国的启示[J]. 现代教育技术，24（10）：5-11.

陈子超，2015. 智慧教育对教师专业发展的影响[J]. 教育信息技术（5）：13-15.

戴学琼，2010. 精品课程资源共建共享研究与实践[D]. 长沙：湖南大学.

范佳宁，2016. 高等学校校际教育资源共享问题研究[D]. 大连：大连理工大学.

冯燕华，2020. 基于核心素养的深度学习内涵及发生机制探析[J]. 新课程研究（8）：14-15.

傅明，2020. 高品质学校建设的价值定位[J]. 教育科学论坛（28）：1.

高文，等，2009. 学习科学的关键词[M]. 上海：华东师范大学出版社：3.

郭华，2016. 深度学习及其意义[J]. 课程·教材·教法，36（11）：25-32.

哈斯高娃，张菊芳，凌佩，等，2017. 智慧教育[M]. 2版. 北京：清华大学出版社：17-19.

何克抗，2004. 从Blending Learning看教育技术理论的新发展[J]. 电化教育研究，

25（4）：22-26.

核心素养研究课题组，2016.中国学生发展核心素养[J].中国教育学刊（10）：1-3.

胡航，2020.形与质的辩搏：疫情是否为在线教育迎来"拐点"[EB/OL].（2020-02-15）[2022-02-23].https://theory.gmw.cn/2020-02/15/content_33557928.htm.

胡航，董玉琦，2017.深度学习内容的构成与重构策略[J].中国远程教育（10）：72-78.

胡航，董玉琦，2017.深度学习数字化资源表征方法与开发模式[J].中国远程教育（12）：5-11+20+79.

胡航，李雅馨，2020.深度学习：是什么？怎么做？[J].中国信息技术教育（1）：85-87.

胡航，李雅馨，郎启娥，等，2020.深度学习的发生过程、设计模型与机理阐释[J].中国远程教育（1）：54-61.

胡航，李雅馨，赵秋华，2019.深度学习的理论研究与实践框架[M]//王富.中国教育装备行业蓝皮书.北京：知识产权出版社：352-378.

胡航，杨旸，2020.公共危机中在线教育的反思[J].终身教育研究，31（4）：37-43.

胡旭斑，张新明，叶方舟，2019.学生发展核心素养视角下智慧教育的建设方向[J].现代教育技术，（29）3：32-38.

李慧方，罗生全，2015.教师智慧学习的生态取向[J].教学与管理（理论版）（4）：1-4.

李艳，刘淑君，2020.国外教师数据素养测评研究及启示[J].开放教育研究，26（1）：37-49.

刘鹏，2010.关于体验式教学的几点思考[J].桂海论丛，26（C1）.

龙清明，2021.联动奋进：新时代高中优质发展之路——149跨区域教育联盟运行综述[J].教育科学论坛（5）：3-8.

龙清明，赵泽高，2019.联动发展，从优质迈向卓越——四川双流中学、成都市大弯中学跨区融合发展之路[J].教育科学论坛（23）：45-49.

陆灵明，2020.智慧教育研究现状、内涵及其特征分析[J].上海教育科研（2）：19-24.

毛其明，2011. 试论智慧型教师的内涵及其基本素养[J]. 教育科学（2）：45-49.

莫雷，2002. 教育心理学[M]. 广州：广东高等教育出版社：89.

钱旭升，2018. 论深度学习的发生机制[J]. 课程·教材·教法，38（9）：68-74.

任友群，冯仰存，郑旭东，2018. 融合创新，智能引领，迎接教育信息化新时代 [J]. 中国电化教育（1）：7-14+34.

任园，徐圣龙，2015. 都市青少年公益参与行为研究——基于十大城市青少年公益活动的实证分析[J]. 山东青年政治学院学报，31（6）：48-53.

沈进宇，2021. 智慧教育生态培育的要素把握[J]. 教育科学论坛（5）：15-21.

宋爽，2013. 青少年网络微公益参与行为分析与引导对策[J]. 新闻与写作（7）：95-97.

唐玉溪，何伟光，2019. 世界一流大学智能教育生态系统构建及演替[J]. 教育发展研究，39（17）：72-78.

王朝云，刘玉龙，2007. 知识可视化的理论与应用[J]. 现代教育技术（6）：18-20+17.

王洪涛，2015. 高校公益活动的育人功能探析[J]. 改革与开放（4）：86-87.

王蓝艺，刘静，梁沙，2021. 深度学习视域下智慧课堂与学生素养的关系探究 [J]. 教育科学论坛（5）：30-34.

王若凡，2018. 让爱传承，做有温度的教育——对中学校园公益活动的若干思考 [J]. 中国社会组织（5）：58.

吴娱，苏君阳，2016. 区域教育资源共享中的教育信息化领导力探析[J]. 电化教育研究，37（1）：33-38+58.

武丽志，李立君，2014. 培训、学习与发展：教师远程培训平台的际代研究[J]. 中国电化教育（11）：74-79.

熊华生，2014. 班主任混合式培训模式实践探索[J]. 湖北第二师范学院学报，31 （12）：104-107.

杨云雄，2020. 教师发展：育人方式改革之基[J]. 教育科学论坛（29）：23-27.

杨增崟，张明达，2020. 信息技术融合创新背景下大中小学思想政治理论课资源共建共享论析[J]. 思想理论教育（6）：65-70.

于翔，2020. 大数据背景下在线学习者个性化因素研究[J]. 陕西教育（高教）（8）：61+65.

余胜泉，李晓庆，2019. 区域性教育大数据总体架构与应用模型[J]. 中国电化教育（1）：18-27.

袁国超，2020. 基于核心素养的深度学习：价值取向、建构策略与学习方式[J]. 教育理论与实践（8）：3-5.

张茂聪，鲁婷，2020. 国内外智慧教育研究现状及其发展趋势——基于近10年文献计量分析[J]. 中国教育信息化（1）：15-22.

赵丽，2016. 在线课程开发：从资源"共享学习"到智慧"共生跃迁"[J]. 电化教育研究，37（11）：67-74.

郑庆华，董博，钱步月，等，2019. 智慧教育研究现状与发展趋势[J]. 计算机研究与发展，56（1）：209-224.

郑旭东，2018. 智慧教育2.0：教育信息化2.0视域下的教育新生态——《教育信息化2.0行动计划》解读之二[J]. 远程教育杂志，36（4）：11-19.

钟一彪，2013. 大学生公益活动的功能定位[J]. 北京青年政治学院学报（4）：32-35.

朱海清，2014. 利用学科节平台推动"体艺2＋1项目"实施[J]. 艺术科技（11）：212.

朱伟，王跃平，2012. 生态取向的教师专业发展的四种路径[J]. 教育理论与实践，32（20）：24-27.

祝智庭，2016. 智慧教育新发展：从翻转课堂到智慧课堂及智慧学习空间[J]. 开放教育研究，22（1）：18-26+49.

祝智庭，彭红超，2017. 智慧学习生态：培育智慧人才的系统方法论[J]. 电化教育研究，38（4）：5-14.

祝智庭，魏非，2018. 教育信息化2.0：智能教育启程，智慧教育领航[J]. 电化教育研究，39（9）：5-16.

ALBUGAMI, AHMED, 2015. Success factors for ICT implementation in Saudi secondary schools: from the perspective of ICT directors, head teachers, teachers and students [J]. International journal of education and development using information and communication technology, 11(1): 36-54.

DAVID, CHOUN, 2020. The role of school leadership in Singapore's future-ready school reform [J]. European journal of education, 55 (2): 183-199.

JON, MING, CHIH, et al., 2020. Exploring teachers' attitudes toward implementing new ICT educational policies [J]. Interactive learning environments.

KIM, AHN, KIM, 2019. A new ICT literacy test for elementary and middle school students in Republic of Korea [J]. Asia-Pacific education researcher, 28 (3): 203-212.

MARTON, SALJO, 1976. On qualitative difference in learning: outcome and process [J]. British journal of educational psychology (1): 4-11.

NIAN-SHING, CHENGJIU, ISAIAS, et al., 2020. Educational big data: extracting meaning from data for smart education [J]. Interactive learning environments, 28 (2): 142-147.

RICHA, VIDUSHI, 2018. Smart education with artificial intelligence based determination of learning styles [J]. Procedia computer science, 132 (132): 834-842.

WOGU, MISRA, ASSIBONG, et al., 2019. Artificial intelligence, smart classrooms and online education in the 21st century: implications for human development [J]. Journal of cases on information technology, 21 (3): 66-79.

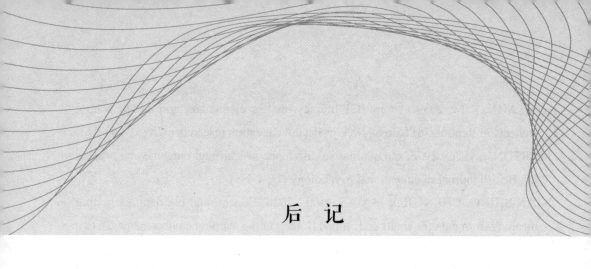

后　记

　　本书是四川省教育资助金课题"新时代优质高中跨区域融合发展实践研究——以149教育联盟为例"的成果之一，由课题主要承担学校四川省双流中学校长龙清明同志主持编写。本课题由149跨区域教育联盟九所学校——双流区双流中学、武侯区西北中学、青白江区大弯中学、新津区新津中学、简阳市三星中学、双流区永安中学、资阳市乐至中学、遂宁市大英中学、达州市万源中学共同研究，实践研究人员来自九所学校的领导和教师。

　　课题成果大多或以论文形式发表在《教育科学论坛》杂志上，或在各校微信公众号上推出，或在各类学术会议上交流，获得了全国、省、市级奖项，其中大多被中国人民大学复印报刊资料转载索引，受到专家的广泛关注，获得了较好的评价，在全国具有一定的学术影响。

　　本书在编写过程中得到了各方面的关心、帮助和大力支持。149跨区域教育联盟各校所属区（市）县教育局领导对我们的工作给予了政策上的支持和鼓励，149跨区域教育联盟各校所属区（市）县教科院的专家在业务上给予了我们帮助和扶持，西南大学教育学部深度学习研究团队、教育科学论坛杂志社的编辑在我们的研究过程中和成果的提炼上给予了培训和辅导，在此我们向所有关心和支持本书出版的领导、专家、同仁和朋友们表示崇高的敬意和衷心的感谢！

　　我们把这本书献给奔向现代化教育的学校的领导和老师，献给未来教育的研究者和智慧联盟的探索者，献给各级各类教育行政部门的决策者。

　　由于编者水平有限，本书定存在疏漏之处，恳请广大读者批评指正。

四川省双流中学　陈剑泉

2021年12月